Franz A. Koch

Alles kann sich ändern

Franz A. Koch

Alles kann sich ändern

Mit der 3-Schritte-Technik die persönliche Realität gestalten

Omega

Bibliografische Information der Deutschen Bibliothek

Die Deutsche Bibliothek verzeichnet diese Publikation in der Deutschen Nationalbibliografie;
detaillierte bibliografische Daten sind im Internet über http://dnb.ddb.de abrufbar.

4. Auflage November 2007

Lektorat: Gisela Maria Bongart
Schlußlektorat: Ulrike Kerstiens
Satz und Gestaltung: Martin Meier
Covergestaltung: Sabine Beck

ISBN 978-3-930243-33-4

Dieses Buch wurde nach den Regeln der alten Rechtschreibung lektoriert.

Druck: FINIDR s. r. o., Český Těšín, Tschechische Republik

Omega®-Verlag, Gisela Bongart und Martin Meier (GbR)

D-52080 Aachen • Karlstr. 32
Tel: 0241-168 163 0 • Fax: 0241-168 163 3
e-mail: info@omega-verlag.de
www.omega-verlag.de

„Es ist das Ziel unseres Daseins,
den Schöpfer in uns
zu erwecken!“

Sumer

Inhaltsverzeichnis

Stellen Sie sich vor …

Stellen Sie sich vor, Sie sind gerade in einer schwierigen Situation. Es läuft einfach nicht so, wie Sie es gerne hätten, und die momentane Realität Ihres Lebens entspricht nicht dem, was Sie möchten oder bräuchten.

Irgendwie ist der Wurm drin, der Fluss beginnt zu stocken …

Und nun stellen Sie sich weiter vor: Mitten in dieser schwierigen und vielleicht verkorksten Situation bringen Sie die Lebensenergien wieder richtig zum Fließen, und zwar nicht nur irgendwie – nein, vielmehr so, daß sich das Geschehen ab jetzt zu Ihren Gunsten wendet.

Aller Widerstand löst sich auf, alles löst sich auf in Wohlgefallen.

So ähnlich wie Harry Potter, der mit seinem Zauberstab durchs Leben geht, können Sie zaubern und alles ändern, was Sie sich wünschen und vorstellen können. Sie brauchen dazu keine raren und geheimnisvollen Utensilien, Sie brauchen keinen Geheimbund und keine Armeen von Monstern, nein. Alles was Sie brauchen, haben

Sie ohnehin immer bei sich, Ihre ganz persönliche innere Spielbox.

Dieser innere Zauberstab ist Ihr Bewusstsein, besser gesagt der Fokus Ihrer Absicht. Was Sie damit berühren, wird sich verwirklichen und manifestieren. Durch eine einfache Verlagerung der Aufmerksamkeit von etwas Unangenehmen zum Gewünschten bringen Sie die schöpferischen Kräfte des Universums dazu, zu Ihren Gunsten zu arbeiten und das von Ihnen Gewünschte herbeizuzaubern.

Wenn Sie wissen wollen, wie dies gemacht wird, dann lesen Sie dieses Buch. Lassen Sie sich begeistern von Ihren inneren Fähigkeiten und Möglichkeiten, und entdecken Sie Ihr inneres Erbe: daß Sie eine Magierin oder ein Magier sind, Meister des Lebens, die ihre persönliche Realität nach ihren Wünschen und Vorstellungen gestalten.

Dieses Buch besteht aus zwei Komponenten: Einer Reihe von inspirierenden Geschichten zum Verändern der persönlichen Realität, und einem theoretischen Teil gefüllt mit schamanischem und spirituellem Wissen – und natürlich der 3-Schritte-Technik, mit der Sie die Veränderungen einleiten und verankern können.

Sie können selbst entscheiden, wo Sie mit dem Lesen beginnen wollen. Wichtig ist einzig und allein, daß Sie sich inspirieren lassen, ab heute Ihr Leben dort zu ändern, wo es Ihnen mißfällt oder Mühe macht.

Jeder Tag dieses kostbaren Geschenkes genannt Leben ist viel zu schade dafür, um ihn ihn mißmutig zu verbringen. Wir sind tatsächlich hier, um unser Leben freudvoll zu gestalten und erfüllt zu leben. Die Schule des Lebens will nichts anderes von uns, als daß wir unser volles Potential entfalten und alles Ungeliebte ganz einfach ändern, auf daß wir in Liebe und Erfüllung leben.

Und so schnell, glauben Sie mir, haben wir da noch nicht ausgelernt.

Teil I

Erfahrungsgeschichten zum Verändern der persönlichen Realität

„Ihr erschafft Euch Eure eigene Realität,
wohin Ihr auch reist
und in welchen Dimensionen auch immer
Ihr Euch bewegt."

Seth

1 Hindernisse, Glück und andere Realitäten einer Reise

Die Reise neigte sich dem Ende zu. In gut zwei Stunden sollten wir unseren Jeep in unserem Stadthotel in Dubai abgeben, dann würden wir, meine Frau und ich, den Abend noch in der City genießen, um am anderen Morgen früh in die Schweiz zurückzufliegen.

Aber noch war es nicht so weit. Wir befanden uns etwa eine Stunde westlich von Dubai in der Nähe des Fossile Rock, einem hoch über die rote Sandwüste aufragenden Felskamm. Die Wüste war wunderschön, es war, als ob sie zu unserem Abschied noch einmal in ihren herrlichsten Farben leuchten würde. Ich genoß jeden Meter Fahrt, jeden Atemzug an diesem atemberaubenden Ort.

Die zweiwöchige Reise quer durch die Arabischen Emirate war wie am Schnürchen verlaufen, war eindrücklich, berauschend und lehrreich zugleich gewesen, und von mir aus hätte sie ruhig noch länger dauern können. Zu Hause hatte ich eine gewisse Müdigkeit verspürt, von der während der ganzen Reise nichts mehr zu spüren gewesen war. Hier hatte ich in einem phantastischen Hoch gelebt, ein Höhepunkt war auf den anderen gefolgt. Schade, daß es bald zu Ende war.

Ich zog den Wagen rechts auf eine kleine Anhöhe hoch, um nochmals auszusteigen und etwas vom farbigen Sand in ein Gefäß zu füllen, als Souvenir für zu Hause. Da ich mich etwas vom Wagen entfernen wollte, zog ich gewohnheitsmäßig den Schlüssel ab, ließ aber die Klimaanlage laufen, damit das Auto nach ein paar Minuten nicht allzu sehr aufgeheizt wäre.

Ich ging ein paar Schritte in die Dünen, sog die trockene, heiße Luft genußvoll in meine Nase, nahm dankend und etwas schweren Herzens Abschied von dieser herrlichen Natur, der herben Schönheit und der Stille, die wir hier vorgefunden hatten. Ich sah auf die Uhr, es war Zeit, endgültig zurückzufahren.

Ich setzte mich wieder ans Steuer, startete den Motor, versuchte es, aber vom Anlasser war nur ein müdes Husten zu hören. Ich stellte jeden Stromverbrauch ab, wartete ein paar Augenblicke, versuchte es erneut, aber umsonst.

Gedankenfetzen stürzten in Sekundenbruchteilen auf mich ein: Wieviel Zeit verblieb? Würde ich mit meinem Handy Hilfe anfordern können? Wie würde ich beschreiben, wo wir überhaupt waren, damit man uns auch finden konnte? Wieviel Wasser hatten wir noch mit dabei? Und vor allem: Was sollte das Ganze, jetzt, so kurz vor Schluß dieser ansonsten so problemlosen Reise?! Warum gerade jetzt, so kurz vor dem Ziel, noch so ein Hammer?

Nur den Bruchteil einer Sekunde dauerten diese Überlegungen, aber meine etwas geschulte Aufmerksamkeit blieb hier hängen. Ich nahm diesen letzten Gedanken auf. Ich brachte meine Hände in die rituelle Stellung – wie immer beim bewußten Verändern meiner persönlichen Realität – und formulierte Folgendes: „Es mag sein, daß in meinem Körper und in meinem Bewußtsein irgendein Widerstand dagegen ist, nach Hause zurückzukehren, und das kann sich ändern. Ich will, daß dieses Problem verschwindet!“ In wenigen Sekunden war dies getan.

Freunde haben mich später zu Hause gefragt, ob wir an dieser Stelle nicht in Panik geraten seien, ob wir nicht zu streiten begonnen hätten. Aber dazu hatten wir gar keine Zeit.

Denn wenige Augenblicke nach meinem Ritual tauchte der weiße Toyota Landcruiser eines Arabers zwischen den Dünen auf. Ich winkte ihn herbei und schilderte dem freundlichen Mann unser Malheur. Zuerst bot er uns Wasser an, dann beugte er sich trotz seiner blütenweißen Dishdasha über unseren Motor, erkannte sofort das Problem und rief mit seinem Handy einen Freund zu Hilfe, der einige Zeit später angefahren kam, um die Batterien der Jeeps zu überbrücken und unser Gefährt wieder zum Laufen zu bringen. Das Ganze dauerte gut eine Stunde, in welcher der hilfsbereite Araber nicht von unserer Seite wich und uns so Vertrauen und Zuversicht gab.

Eine gute Stunde später lagen wir entspannt am Rand des Dach-Swimmingpools unseres City-Hotels, den Jeep hatten wir zuvor gerade noch fristgerecht abgegeben.

Am späteren Abend schlenderten wir auf der anderen Seite des Khor Dubai durch den Basar. Wir aßen in einem libanesischen Restaurant direkt am Ufer des Flusses, wo die beleuchteten Boote vorüberzogen und eine wunderbare Atmosphäre verbreiteten. Hier war der Kreis geschlossen, denn hier hatten wir auch am ersten Abend unserer Reise gegessen und den roten Abendhimmel genossen. So nahm ich unwillkürlich auch hier wieder in Gedanken wehmütig Abschied.

Als wir nach dem Essen mit einem Wassertaxi zurückkehrten, starb plötzlich mitten im Fluß der Motor unseres Gefährts ab. Einige Fahrgäste machten mit wilden Gesten andere Boote auf unser Stillstehen aufmerksam, um zu verhindern, daß unser Boot in der Dunkelheit gerammt würde. Der Bootsführer sprang kopfüber ins schwarze Wasser, was hatte er vor?

Ich wußte intuitiv, es war **unsere** Reise, das Hindernis hatte wieder mit uns zu tun.

Und so bekräftigte ich wiederum mental: „Es mag sein, daß irgendwo in meinem Bewußtsein oder in meinem Körper ein Widerstand dagegen ist, nach Hause zurückzukehren, und das kann sich ändern. Ich will, daß dieses Problem verschwindet!"

Da tauchte schon der Kopf des Bootsführers wieder aus dem Wasser auf, er kletterte an Bord und startete den Motor. Die Schiffsschraube konnte wieder frei drehen, da er sie von Unrat befreit hatte, und wir gelangten heil ans andere Ufer und zurück in unser Hotel.

Am nächsten Morgen ging es zeitig zum nahen Flughafen, wo wir für unseren Non-Stop-Flug nach Zürich einchecken wollten. Die Dame am Check-in lächelte fast ein bißchen zu freundlich und ließ sich erstaunlich viel Zeit, bis sie schließlich mit der Wahrheit herausrückte. Wie viele Orientalen sagen Araber oft lieber gar nichts, als ihr

Gegenüber mit einer unangenehmen Nachricht zu belasten.

Jedenfalls fanden wir schließlich heraus, daß der Flug nach Zürich hoffnungslos überbucht war. Man werde aber eine Lösung finden, wurden wir beschwichtigt.

An dieser Stelle hatte meine Partnerin eine veritable Krise, sie „konnte nicht mehr“, hatte einen Anfall von jähem Durchfall.

Wir gingen in eine Cafeteria, und während meine Frau auf der Toilette war, bekräftigte ich erneut: „Es mag sein, daß irgendwo in meinem Bewußtsein und in meinem Körper immer noch ein Widerstand ist, nach Hause zurückzukehren, **und das kann sich ändern. Ich will, daß dieses Problem endgültig verschwindet!“**

Wir kehrten an unseren Schalter zurück, wo wir mit folgender Lösung begrüßt wurden:

Wir könnten sofort mit einem Upgrade Business-Klasse nach Düsseldorf fliegen und von dort mit einem kurzen Zwischenstop weiter nach Zürich. Dazu erhielten wir zwei Frei-Tickets, um innerhalb eines Jahres kostenlos in dieses schöne Land zurückkehren zu können.

Wir stimmten sofort zu, wurden wie VIPs mit einem Elektromobil durch alle Checkpoints zum Flieger gefahren, wo wir uns den erstklassigen

Champagner besonders schmecken ließen. Der Flug war wie ein schöner Traum, aller Widerstand war jetzt ausgeräumt, vielleicht auch dank des Wissens, daß wir jederzeit wieder in dieses schöne und gastfreundliche Land zurückkehren konnten.

Mit einer einfachen Änderung der Absicht, des Fokus‘ des Bewußtseins, hatten sich alle Hindernisse beseitigen und gar in Glück verwandeln lassen. Das Blatt hatte sich wieder zu unseren Gunsten gewendet, nachdem wir die Hindernisse, die wir selbst geschaffen hatten, wieder zum Verschwinden brachten. Und darum geht es in diesem Buch: Wie **Sie** Ihre persönliche Realität jetzt sofort und jederzeit zu Ihren Gunsten ändern können.

2 Wie Gedanken und Gefühle wirken

Jeder unserer Gedanken zeigt eine Wirkung, ebenso wie jedes unserer Gefühle. Kaum jemand wird diese Tatsache heute noch ernsthaft in Frage stellen. Aber sind wir uns auch bewußt, was dies im einzelnen bedeutet? Und sind wir uns wirklich bewußt, daß Gedanken und Gefühle auch die Materie durchwirken und beeinflussen?

Dazu eine Geschichte:

Ich war mit ein paar Freunden zum Skifahren in den Bergen. Um uns aufzuwärmen, hatten wir in einer Hütte Rast gemacht und etwas Heißes getrunken. Als wir uns wieder ins Freie begaben, konnte eine Bekannte den Reißverschluß ihrer Jacke nicht mehr zuziehen. Egal in welche Richtung sie zog, der Reißverschluß klemmte und bewegte sich keinen Millimeter von der Stelle. Mit jedem neuen Versuch schwoll ihr Ärger an. Schließlich begann sie laut zu fluchen und den Kauf der Jacke, die relativ neu war, zu verwünschen. Aber all ihre Bemühungen fruchteten nichts, der Zipper des Reißverschlusses bewegte sich nicht von der Stelle.

Da schlug ich ihr vor, das Fluchen zu lassen und statt dessen etwas anderes zu versuchen. „Na gut“, sagte sie, und begann sich bereits etwas zu entspannen. Ich instruierte sie, die Hände als Zeichen für ihr Unterbewußtsein rituell zu falten und die folgenden Worte zu sprechen: „Ich habe ein Problem mit meinem Reißverschluß, und das kann sich ändern. Ich will, daß dieses Problem verschwindet.“ Sie sprach mir die Worte nach, probierte es dann erneut, und gleich beim ersten Versuch bewegte sich der Zipper wie frisch geölt. Sie konnte ihre Jacke schließen und hatte für den Rest des Tages keinerlei Probleme mehr damit.

Nicht nur unser Körper, auch unsere Gebrauchsgegenstände reagieren minutiös auf klare Anweisungen. Sie verhalten sich entsprechend unseren Erwartungen und Befürchtungen, und wir können sie heißen, etwas Bestimmtes zu tun. Genauso wie ein Hund oder ein Pferd klare Anweisungen brauchen, so ist es auch mit den Gegenständen um uns herum. Wenn wir etwas Bestimmtes von ihnen wollen, können wir sie anweisen, sich entsprechend unseren Erwartungen zu verhalten.

Wenn irgendetwas klemmt oder wir anderweitige Probleme haben, gilt es zuerst einmal, dies anzuerkennen: „Ja, es gibt ein Problem.“ Dann machen wir uns bewußt, daß es auch anders sein kann, um schließlich ganz klare Weisung zu geben, was wir erwarten: daß das Problem verschwindet!

In ganz besonderem Maß sind unsere täglichen Gebrauchsmaschinen eine Art verlängerter Arm von uns. Sie scheinen uns wahrzunehmen, uns zu „hören" und auf uns zu reagieren. Oft drücken sich unsere Gefühle, wie zum Beispiel Verstimmungen oder Ärger, über unsere Maschinen aus, die dann, ähnlich wie der Körper auch, so etwas wie Symptome entwickeln.

Meine Tochter hatte sich einen neuen Laptop gekauft, der ihr viel Freude bereitete. Eines Tages berichtete sie jedoch ganz frustriert, sie müsse das Gerät an den Hersteller einschicken, da es nicht reibungslos funktioniere und oft „spinne". Da sie gerade an ihrer Diplomarbeit schrieb, war das Ganze besonders ärgerlich. Sie konnte es sich aus Zeitgründen eigentlich gar nicht leisten, tagelang auf ihr Notebook zu verzichten. Also Frust, Ärger, Drama pur!

Ich fragte sie – da ich schon ahnte, in welche Richtung die Problematik sich bewegen könnte –, wie es denn sonst so laufe!? Da schrie sie mich an: „Paps, ich erzähle dir so etwas Wichtiges, und du fragst, was sonst noch ist! Du hörst mir überhaupt nicht zu, du interessierst dich überhaupt nicht für mich!"

„Doch", sagte ich, „natürlich interessiere ich mich für dich, und jetzt sag mir, was dich sonst so bewegt, abgesehen von deinem Computer. Geht es dir gut, oder gibt es irgendwelche Probleme?"

Sie erzählte also kurz, wie sie sich über eine gute Freundin, die sie versetzt hatte, geärgert hatte. Aber das sei nicht so wichtig, jetzt gehe es schließlich um ihren Computer.

Doch ich hatte bereits eine Spur gewittert, nun wollte ich wissen, ob sie auch zum richtigen Ziel führte.

Da meine Tochter mit meiner Forschungstätigkeit vertraut war, brauchte sie keine besondere Einweisung. Ich schlug ihr folgende Formulierung vor: „Mein Notebook reagiert auf meinen Ärger, und das kann sich ändern. Ich will, daß dieses Problem verschwindet!"

Dann gingen wir noch einen Schritt weiter und formulierten sogar: „Mein Notebook ist wütend, und das kann sich ändern. Ich will, daß dieses Problem verschwindet!"

Wir bekräftigten dies ein paar Mal gemeinsam und verabschiedeten uns dann.

Tage später hörte ich beiläufig, daß das Notebook ab unserem Fokussieren keinerlei Ärger mehr gemacht hatte. Die Diplomarbeit meiner Tochter wurde termingerecht fertiggestellt.

Serge King schlägt vor, unsere Maschinen immer wieder zu loben für den guten Job, den sie für uns verrichten, und ich kann dem nur beipflichten. Wenn wir unsere Geräte loben, werden sie es uns danken und wunderbar funktionieren. Offenbar nehmen diese „guten Geister" telepathisch Stimmungen und Gedanken auf und reagieren entsprechend. Es ist aber nicht immer wichtig zu wissen, wo gerade das Problem liegt, wie die folgenden Beispiele zeigen:

Peter, ein befreundeter Lehrer, erwartete ein wichtiges Dokument per Fax. Er war leicht aufgeregt, da sehr wichtig war, daß die Qualität des eingehenden Dokuments für den amtlichen Gebrauch gut genug war. Als der Anruf kam, konnte ihn die Maschine nicht annehmen, irgendwie klappte es einfach nicht. Auch ein zweiter Anruf schlug fehl…

Peter wurde zunehmend nervös, schließlich brauchte er das Dokument noch an diesem Tag, und zwar vor Schalterschluß der Behörde.

Plötzlich erinnerte er sich daran, daß er ja positiv auf dieses Geschehen Einfluß nehmen könnte. Er formulierte: „Mein Fax hat Probleme, das Dokument zu empfangen, und dies kann sich ändern. Ich will, daß dieses Problem verschwindet!“ Kaum zu Ende gedacht, kam der nächste Anrufversuch, und diesmal hatte die Maschine keinerlei Schwierigkeiten mit dem Empfang und druckte ein perfektes Dokument aus.

Haltung klar, Instruktion klar, alles klar!

Meine Kollegin Susanne ist nicht gerade eine technische Leuchte, ganz im Gegenteil. Sie besitzt ein Handy zum Telefonieren und für SMS, viel mehr kann sie damit nicht tun. Eines Tages sind die Daten auf dem Display plötzlich verschwunden, „abgestürzt“, wie sie sagt. Alles Drücken hilft nichts, das Handy reagiert nicht.

Also spricht sie mit ihm: „Mein Handy hat ein Problem, und das kann sich ändern. Ich will, daß dieses Problem verschwindet!“ Und plötzlich sind die Daten wieder da, als ob nichts gewesen wäre. Alles funktioniert bestens.

Vielleicht schmunzelt der technisch Versierte über so ein Beispiel, weiß die Gründe für den vorübergehenden „Absturz“. Aber wenn das magische Weltbild genauso gut funktioniert wie das technische, warum sollten wir dieses dann nicht genauso nutzen?

3 Mit anderen kommunizieren

Es ist gar nicht so leicht, mit anderen zu kommunizieren. Wie kann ich sagen, was ich meine, ohne den anderen zu verletzen, ohne seinen Widerstand hervorzurufen, ohne mißverstanden zu werden? Worte werden interpretiert und von jedem anders verstanden. Es ist viel leichter, mit sich selbst zu kommunizieren und über das eigene Selbst dem Universum einzuspeisen, was oder wie man es gerne hätte. Das Universum versteht und setzt das Gewünschte in die persönliche Realität um.

Ich verbrachte mit meiner Frau ein paar goldene Herbsttage in Ligurien am Meer, in den von uns so sehr geliebten „Cinque Terre". Wir hatten ein neueres kleines Hotel ausfindig gemacht, ein Bijou von einer Residenz, das vom Meeresstrand nur durch eine Nebenstraße und einen kleinen Park getrennt war. Unser Zimmer war luxuriös, entsprechend teuer natürlich, aber man konnte bei offener Balkontür sogar das Meer rauschen hören.

Nach einem wunderbaren Tag, dem köstlichen Abendessen bei „Ciak“ und einem Absacker in einer Bar begaben wir uns auf unser Zimmer, um die komfortablen Betten zu genießen.

Als ich schließlich in den Schlaf sinken wollte, hörte ich durchs offene Fenster nicht nur Meeresrauschen, sondern eine laute Männerstimme, der es nicht an Dramatik fehlte. Ich sah nach und entdeckte auf einer Bank im Park direkt vor unserem Fenster ein Liebespaar, das sich laut unterhielt. „Der Süden!“, dachte ich freundlich und begab mich wieder ins Bett. Halb versuchte ich zu schlafen, halb hörte ich dem Liebespaar zu, doch ich verstand nicht, was der junge Mann seiner Freundin zu erklären versuchte, obwohl er äußerst laut sprach.

Nach einiger Zeit war es mit meiner freundlichen Geduld vorbei. Die Ruhestörung begann mich zu nerven – schließlich hatte ich Luxus gebucht! Ich überlegte, ob ich vom Balkon zu den beiden sprechen sollte, um sie zu bitten, leise zu sein.

Statt dessen besann ich mich auf die 3-Schritte-Technik. Ich lag im Bett und formulierte: „Die Leute vor dem Fenster nerven, und das kann sich ändern. Ich will, daß dieses Problem weggeht!“ Ich entspannte mich in die Kissen und war erstaunt, daß sich das Liebespaar binnen zwei Minuten erhob und abzog. Das ungetrübte Meeresrauschen wiegte mich nun in einen süßen Schlaf.

Ursula war mit dem Zug unterwegs, spät abends auf dem Heimweg saß sie allein in einem Abteil, als ein paar junge Burschen einstiegen, den Ghettoblaster auf den Schultern, mit Alkoholfahne vor dem Mund und weiteren unangenehmen Begleitumständen. Der erste von ihnen setzte sich zu Ursula ins Abteil, plumpste förmlich auf die Bank. Ursula schreckte auf und dachte nur „3 Schritte", für mehr war keine Zeit, als sie auch gleich den letzten der drei jungen Männer sagen hörte: „Kommt, wir gehen weiter nach vorn", worauf sie alle drei weiterzogen. Der junge Mann hatte ihre Kommunikation unbewußt wahrgenommen und sich entsprechend verhalten.

Bei einer anderen Zugreise saß sie mit einem jungen Mann im Abteil. Während sie in ihrem Buch las, trommelte er ununterbrochen mit den Händen auf seinen Koffer. Sie ließ ihn eine Weile gewähren, aber schließlich wurde es ihr doch zu bunt, da es ihr nicht mehr gelang, sich auf ihr Buch zu konzentrieren.

In einem solchen Moment ist guter Rat teuer. Würde sich der junge Mann bitten lassen, mit seinem Tun aufzuhören? (Sie hatte nicht diesen Eindruck.) Würde es zum Streit kommen? Könnte er gar ausfällig werden? Sie wußte es nicht. Also verlegte sie sich aufs „innere Tun" und formulierte die drei Schritte: „Der Mann in meinem Abteil nervt, und das kann sich ändern. Ich will, daß dieses Problem verschwindet."

Kaum war sie damit durch, hatte der junge Mann ausgetrommelt. Er öffnete seinen Koffer, holte ein Sandwich heraus, das er genüßlich verspeiste. Ursula konnte in Ruhe ihr Buch weiterlesen.

Die räumliche Distanz spielt keine Rolle für das Funktionieren dieser Kommunikation. Bewußtsein braucht keinen Ort, Bewußtsein **ist,** unabhängig von Raum und Zeit. Es gibt keinen Ort und keine Zeit, wo es nicht ist.

Lange Zeit hatte ich nichts mehr von Léa gehört, einer lieben Kollegin aus Brasilien. Wir hatten uns einfach im Laufe der Zeit aus den Augen verloren, auf eine E-mail an eine alte E-mail-Adresse von ihr war nichts passiert, ich selbst hatte ja meine E-mail-Adresse inzwischen geändert. Da ich mich wirklich fragte, wie es ihr wohl gehe und was sie so mache, beschloß ich, das „innere Tun“ anzuwenden, und formulierte: „Ich habe schon lange nichts mehr von Léa gehört, und das kann sich ändern. Ich will, daß dieses Problem verschwindet.“

Wenige Tage später traf die E-mail ein. Ich hatte Monate umsonst gewartet, ohne daß etwas passiert wäre. Und jetzt plötzlich, nach meiner klaren Absichtserklärung, hatte ich das gewünschte Resultat! Ich war sehr froh darüber, umso mehr, als ich feststellen mußte, daß sie sich seit einiger Zeit in einer akuten Lebenskrise befand, einer Krise von der Sorte, bei der man zu wenig Kraft oder Selbstvertrauen hat, um aktiv Hilfe zu suchen. Wahrscheinlich hatte ich ihren seelischen Hilfeschrei vernommen.

Einfach zum Spaß habe ich viele weitere Male getestet, ob dies funktioniert. So habe ich beispielsweise formuliert: „XY hat mir schon lange keine E-mail mehr geschickt, und das kann sich ändern. Ich will, daß dieses Problem verschwindet.“ Binnen Stunden habe ich jeweils eine Antwort erhalten.

Eine Bekannte berichtete von einer Freundin, mit der sie gern Kontakt gehabt hätte. Deren Mann war jedoch so bösartig kontrollierend, daß meine Bekannte die Freundin nicht anrufen konnte, ohne daß es bei ihr zu Hause wieder Krach gegeben hätte. Sie wünschte sich deshalb, ihre Freundin würde in einem günstigen Moment sie anrufen, das wäre das Beste. Da das Wünschen allein nicht half, besann sie sich schließlich auf das „innere Tun". „Meine Freundin ruft nicht an, und das kann sich ändern. Ich will, daß dieses Problem verschwindet!" Wenige Stunden später rief die Freundin an, und sie vereinbarten für ein längeres Gespräch ein Treffen in der Stadt.

Das Wünschen allein hilft meist nicht. Wünsche ausformuliert bedeuten etwa: „Ich hätte gern etwas, das ich im Moment nicht habe." Wünsche sind lediglich Möglichkeiten, die sich erfüllen können, die sich aber keineswegs erfüllen müssen!

Die 3-Schritte-Technik beinhaltet hingegen klare Anweisungen ans Universum, was zu geschehen hat. Diese Anweisungen erfolgen aus einer Position des Selbstbewußtseins heraus. Wir sind uns in diesem Moment bewußt, wer wir sind und was wir wollen. Wir sind uns bewußt, daß wir Teil dieses schöpferischen Universums sind und dieses mit unserem Bewußtsein ganz durchdringen. Und wir fangen mit dem an, was ist, nicht mit einer Möglichkeit in der Zukunft. Denn: Jetzt ist der Augenblick der Kraft, und nur im Jetzt, in der Gegenwart, können wir etwas tun, können wir etwas verändern. Denn Jetzt ist die einzige Zeit, die je wirklich ist.

4 Für andere wirken

Da es im Universum keine Grenzen gibt, sind wir mit allem – und alle miteinander – verbunden. Unsere Entscheidungen und unsere Klarheit betreffen und berühren daher andere genauso wie uns selbst. Natürlich können wir nicht anderen unseren Willen aufzwingen, aber wir können ihnen viel Gutes zufließen lassen.

Patrizia machte sich Sorgen um ihren schon etwas betagten Vater. Seit einiger Zeit hatte er ein bösartiges, schnell wachsendes Geschwür am linken Ohr sowie verschiedene Hautstellen im Gesicht, die untersucht und eventuell ebenfalls entfernt werden sollten. Er mußte dazu ins Krankenhaus, nicht wissend, wie die Geschichte ausgehen würde. Zudem litt er zu diesem Zeitpunkt an einer Depression. Der Vater sollte in ein großes Kreisspital in Österreich eingeliefert werden, das er als sehr bedrohlich empfand.

Also beschloß Patrizia, die Sache selbst „in die Hand zu nehmen“ und innerlich das dazu beizutragen, was in ihrer Macht lag. Sie konstatierte: „Mein Vater hat gesundheitliche Probleme, und das kann sich ändern!" Und weiter: „Ich will, daß der bevorstehende Eingriff erstaunlich gering ausfallen wird, daß mein Vater in besten Händen ist und daß die Heilung optimal verläuft." Sie wiederholte dies ein paar Mal bis zum Tag des Eingriffs. Was dann passierte, schilderte sie wie folgt:

„Obwohl der Chirurg anfangs davon überzeugt war, einen Teil des Ohres entfernen zu müssen, konnte dies schließlich umgangen werden. Alles hing dann davon ab, ob der Tumor wirklich vollends entfernt worden war und ob die transplantierte Haut vom Gewebe angenommen wurde. All dies entwickelte sich bestens. Die Heilung verlief ohne Probleme. Einige Zeit nach dem Eingriff war dem Gesicht meines Vaters nichts davon mehr anzusehen. In der Abteilung hatte zudem eine sehr gute Atmosphäre geherrscht, das Pflegepersonal war äußerst freundlich und angenehm gewesen, der Betrieb gut organisiert. Alles war demnach so verlaufen, wie man es sich nicht besser hätte vorstellen können!"

Wie es ohne die 3-Schritte-Technik ausgegangen wäre, wissen wir nicht, weil eine solche Realität nie in Erscheinung trat. Alles, was wir wissen, ist, daß nach der Anwendung der Übung die gewünschte Realität eintrat. Dabei machte das

Universum alles optimal, ohne daß die Details der Wunsch-Realität im einzelnen eingefordert wurden. Das Universum weiß, wie es heilen soll, das müssen wir ihm nicht erst beibringen!

Ein anderer Fall betrifft den Vater von Lilian, der ebenfalls in Schwierigkeiten steckte und seiner Tochter große Sorgen bereitete. Er war beim Kauf einer Geige einem Betrüger aufgesessen, die – sehr teure – Geige entpuppte sich später als Fälschung. Der Vater nahm sich einen Anwalt, und das rechtliche Hin und Her begann – mit Expertenzuzug und allem Pipapo. Die langwierige, nervenaufreibende und kostspielige Angelegenheit setzte den psychisch ohnehin schon angeschlagenen Eltern enorm zu. Aber ein Aussteigen lag nicht drin, denn das hätte Verlieren bedeutet.

Ein Gerichtstermin wurde festgesetzt, dann wegen des schlechten Gesundheitszustands des Vaters vertagt und schließlich neu festgelegt. Der Anwalt hielt den Prozeßausgang für ungewiß, tendierte sogar zu einem für die Eltern ungünstigen Verlauf. Diese hatten Angst vor den Kosten, zumal sie sich ohnehin in einer finanziell schwierigen Lage befanden. Die Tochter erinnerte sich an die 3-Schritte-Technik und beschloß, das Ihre zu einem guten Ausgang beizutragen:

„Meine Eltern haben möglicherweise Schwierigkeiten vor Gericht, und das kann sich ändern. Ich will, daß dieses Problem verschwindet. Ich will, daß alle Beteiligten ihr Gesicht wahren können und daß meinen Eltern Gerechtigkeit widerfährt. Sie sollen finanziell verschont bleiben. Es soll im Gerichtssaal eine gute, versöhnliche Stimmung herrschen."

Während der Verhandlung sah es zunächst so aus, als ob die Eltern verlieren würden. Im zweiten Drittel des Geschehens wendete sich die Situation unerwartet zu Gunsten der Eltern. Die junge Richterin, die die ganze Verhandlung mit einer guten Prise Humor leitete, entschied schließlich zugunsten der Eltern. Die Gegenpartei hatte die Gerichts- und Anwaltskosten zu tragen. Die Überzahlung sollte erstattet werden, der Vater sollte eine bescheidene Entschädigung erhalten, und die Geige konnte er auch behalten.

Natürlich waren Eltern und Tochter mehr als erleichtert über diese glückliche Wendung.

Die 3-Schritte-Technik geht weit über „bloßes" Visualisieren hinaus. Sie beginnt bei einer Realität, die bereits ist oder sich abzeichnet. Sie macht klar, daß diese Realität auch anders sein oder erfolgen kann, und benennt dann – mehr (wie in diesem Fall) oder weniger ausführlich –, wie die gewünschte Realität aussehen soll. Damit weiß dann das Universum, was es zu tun hat in bezug auf die Manifestation eben dieser gewünschten Realität.

Ist das einfach? Oder ist es schwierig?

Schwierig, würde ich sagen – außer, man tut es einfach!

5 Einem Körpergefühl Luft verschaffen

Unser Körper ist so ein wunderbares Instrument, hoch sensibel, hoch komplex und immer auf unserer Seite. Leider wissen das viele gar nicht und können die Sprache des Körpers nicht verstehen. Symptome zum Beispiel sind nichts anderes als Mitteilungen in Körpersprache. Trotzdem sind sie uns meist lästig und unerwünscht. Das geht oft so weit, daß der Körper beschimpft, gemaßregelt oder gar bestraft wird. Fast so, also ob wir den Postboten beschimpfen würden, weil er uns mit der Post Rechnungen oder etwa die Steuererklärung zustellt.

Der Körper spricht zu uns, und zwar in jedem Augenblick. Mit mehr Aufmerksamkeit und mit eventuellem Nachfragen („Was willst du mir damit sagen?“) können wir seine Sprache besser verstehen lernen und so den Bedürfnissen des Körpers – und damit den Bedürfnissen von uns selbst – besser entgegenkommen.

Priska litt seit fast zwei Jahren unter Bauchschmerzen, die hin und wieder in Begleitung von nervösen Spannungszuständen auftraten. Die nervösen Spannungszustände kamen sporadisch, die Bauchschmerzen waren beständig da und deshalb auf die Dauer am schwersten zu ertragen. Nachts waren sie am schlimmsten. Ihr Arzt hatte ihr nicht helfen können, er konnte sich das Ganze nicht erklären.

Über die mögliche Ursache der Beschwerden hatte sie sich viele Gedanken gemacht und beständig „an sich gearbeitet", um diesen Schmerz loszuwerden. Sie kannte die 3-Schritte-Technik bereits einige Zeit, als sie beschloß, damit die Bauchschmerzen ins Visier zu nehmen. Sie wählte folgende Formulierung:

„Ich habe Bauchschmerzen, und das kann sich ändern. Ich will, daß die Bauchschmerzen ganz weggehen und daß sich in meinem Bauch ein Gefühl der Ruhe und des Wohlseins breitmacht." Sie behielt diese Übung ein paar Tage bei, bis zum folgenden Ereignis.

Aber lassen wir sie selbst erzählen:

„Seit längerer Zeit fühlte ich mich an meinem Arbeitsort behindert und unglücklich, weil Spannungen in der Luft hingen, die ein spontanes, freudiges Handeln unmöglich machten. Versuche, die Situation durch Gespräche zu verbessern, blieben fruchtlos. Trotzdem wollte ich nicht davonlaufen, sondern versuchte immer wieder, etwas zu verändern. Doch ich hatte je länger je weniger den Mut und die Kraft, meinen Standpunkt zu vertreten, weil jeder gescheiterte Versuch die Lage noch hoffnungsloser erscheinen ließ.

In der letzten wöchentlichen Arbeitsbesprechung mit meinem Vorgesetzten – wenige Tage nach der erstmaligen Anwendung der 3-Schritte-Technik – platzte mir zu meiner eigenen großen Verwunderung der Kragen und ich machte meinem ganzen Ärger Luft. Ich gebrauchte Worte und Redewendungen, die ich noch nie zuvor benutzt hatte. Ich konnte es nicht aufhalten. Es redete und redete und redete… Ich redete mich richtig frei, bis nichts mehr zu sagen war.

Nach dem Ausbruch war das Bauchweh weg, und seither ist es nur noch ganz kurz, selten und schwach zu verspüren. Ich hoffe, es bleibt so.“ (Schriftlicher Bericht)

Durch die Bereitschaft und die Erlaubnis zu einer Veränderung erhielt das KU (Körper-/Unterbewußtsein) Raum, eben diese Veränderung zu vollziehen und der angestauten Energie Luft zu verschaffen und innen und außen (in der Außenwelt) Heilung zu vollziehen.

Was bei mir hängen bleibt ist der letzte Satz von Priskas Bericht: „Ich hoffe, es bleibt so.“

WARUM? Warum soll etwas bleiben, wie es gerade ist? Nichts bleibt, wie es ist, nichts! Höre ich da eine Angst, daß es noch einmal so weit kommen könnte? Daß sie noch einmal „böse“ sein müßte, noch einmal kein Blatt vor den Mund nehmen, noch einmal Tacheles reden müßte?

Ich möchte fast sagen: Hoffentlich kommt es bald wieder so weit! Hoffentlich läßt sie ihren Gedanken und Gefühlen bald wieder freien Lauf! Hoffentlich hält sie sich auch das nächste Mal nicht zurück! Hoffentlich!

Aber so gern möchten wir uns auf der sicheren Seite fühlen, möchten, daß immer alles gut geht, ohne daß wir es selbst in die Hand (oder in den Mund, auf jeden Fall ins Bewußtsein) zu nehmen brauchen. Wir möchten doch so gern, daß das Universum alles für uns tut, einfach so. Wie Kinder, für die gesorgt ist. Oder wie Maden im Speck, die sich um nichts sorgen müssen.

Das ist verständlich, es ist bequem, und es ist falsch. Völlig falsch. Wir sind hier, um uns selbst zu leben, um uns auszudrücken, unsere Gedanken und Gefühle, und um unser Leben aktiv nach unseren Wünschen zu gestalten. Das Bravsein für andere sollten wir eigentlich hinter uns haben, dieses Relikt aus den Zeiten religiöser Unterdrükkung und Besserwisserei. Dafür ist heute wirklich kein Platz mehr – außer in den zwanghaften Vorstellungen jener Leute, die dieses Fähnchen noch wider besseres Wissen hochhalten und einem falsch verstanden Wahn von Selbst-Losigkeit verfallen sind.

Doch wir sollten es besser wissen. Das Universum ist immer so, wie wir es sehen, es entspricht voll und ganz unseren Erwartungen und Einstellungen. Wir brauchen also nicht in einer Realität zu leben, die uns nicht zutiefst entspricht, die von anderen erstellt wurde, und in die wir vielleicht hineingeworfen wurden. Es ist an uns, die Verantwortung für unser Dasein zu übernehmen und unsere Realität gemäß den von uns gewünschten Überzeugungen zu schaffen, im Kleinen wie im Großen. Sie darin zu bestärken ist der Sinn dieses Buches.

6 Das neue Auto

Sandra hatte sich ein neues Auto bestellt. Nicht irgendeines, nein, sondern ihre Lieblingsmarke, ein Kleinwagen zwar, aber doch das Exklusivmodell – in ihrer Wunschfarbe, mit Ledersitzen, Klimaanlage, CD-Player, Schiebedach, kurz mit allen Schikanen, so richtig chic halt. Lange hatte sie überlegt, ob sie sich das Auto überhaupt leisten könnte. Ihren letzten eigenen Wagen hatte sie als junge Frau um die zwanzig besessen, bevor die Kinder kamen, als also noch andere Verhältnisse und Prioritäten galten. Jetzt stand sie nach der Trennung von einer langjährigen Beziehung wieder allein da und nach langer Zeit wieder auf eigenen Füßen. Mit einem Job im Krankenhaus, der zwar nicht allzuviel Geld einbrachte, aber eine Menge Selbstvertrauen und Power. Und da sie auch selbst wieder mobil sein wollte, entschied sie sich für den Kauf eines Autos. Kurz nach Neujahr gab sie die Bestellung auf. Nun sollte das Modell nach ihren Wünschen in Frankreich zusammengebaut und Mitte März geliefert werden.

Darüber war Sandra sehr enttäuscht. Am liebsten hätte sie nämlich den neuen Wagen gleich mitgenommen. Aber da war nichts zu machen. Wunschfarbe, Lederinterieur – das brauchte eben seine Zeit. Doch das verursachte Sandra Kopfzerbrechen, denn sie hatte ihren Ski-Urlaub auf Mitte Februar fest gebucht, und natürlich wollte sie da mit dem neuen Wagen hinfahren. Das war ein fester Bestandteil ihrer Vision, wenn sie jetzt darauf verzichten mußte, war ja die ganze Vorfreude gleich wieder weg. Da mußte etwas getan werden.

Ich empfahl ihr, es mit der 3-Schritte-Technik zu versuchen:

„Es gibt ein Problem mit der rechtzeitigen Lieferung meines neuen Autos, und das kann sich ändern. Ich will, daß dieses Problem verschwindet." Wir machten die Übung gemeinsam ein erstes Mal, und ich empfahl ihr, diese zu wiederholen, so oft sie daran dachte. Als Unterstützung visualisierte sie zusätzlich ein Kalenderblatt, das den 1. Februar anzeigte, und dazu stellte sie sich vor, wie sie den Anruf ihres Fahrzeughändlers erhielt, der ihr mitteilte, ihr Wagen sei eingetroffen und zum Abholen bereit.

Sie entspannte sich und freute sich wieder auf ihr neues Auto und den Ski-Urlaub.

Der 1. Februar kam, doch nichts geschah. Nichts aber nur deshalb, weil dieser Tag auf einen Sonntag fiel, das hatten wir nicht bedacht. Am Montagmorgen erhielt sie jedoch prompt den bestellten Anruf von ihrem Vertragshändler, ihr Auto sei eingetroffen und zum Abholen bereit! Sandra freute sich und war glücklich über ihr neues Gefährt. Und besonders glücklich war sie auch über den gelungenen Zugang zu den schöpferischen Kräften des Universums, die sie dank dieses Erlebnisses so deutlich gespürt hatte.

Die Geschichte hatte noch ein Nachspiel, das ich Ihnen nicht vorenthalten möchte. Von ihren finanziellen Verhältnissen her hätte Sandra sich diese Anschaffung eigentlich gar nicht leisten dürfen und hätte vielleicht besser einen Gebrauchtwagen wählen sollen. Aber nein, sie wollte ein wirklich schönes Auto für sich haben. Sie hatte es sich verdient, glaubte sie.

Offenbar unterstützte das Universum diesen Glauben – wie es ja eigentlich immer unseren Glauben unterstützt, egal in welche Richtung er geht. Etwa einen Monat nach dem Eintreffen des neuen Wagens, also direkt nach ihrer Rückkehr aus dem Ski-Urlaub, erhielt Sandra die Nachricht über eine berufliche Beförderung. Sie sollte zur neuen Leiterin ihrer Abteilung und in eine neue

Gehaltsklasse aufsteigen. So wurden ihr Mut und ihr Selbstbewußtsein nachträglich vom Universum belohnt.

Eine wunderbare Geschichte, wie ich finde.

Zeit ist eine relative Größe, keine absolute. Wir haben zwar Uhren, die den mechanischen Ablauf der Zeit auf eine Millionstel Sekunde genau messen. Aber lassen wir uns davon nicht blenden oder verführen. Zeit ist relativ, auch sie richtet sich nach unseren Erwartungen und Einstellungen. Oft sind wir davon überzeugt, daß etwas „Zeit braucht", das hören wir immer wieder. Der Arzt sagt zum Beispiel: „Es braucht ein Jahr, bis diese Entzündung ausgeheilt ist", so sagte er es jedenfalls zu meiner Schwiegermutter. Solche Äußerungen schaffen eine Erwartungshaltung, die uns einengen und festlegen, die in diesem Fall eine schnelle Heilung verzögern könnte. Wir sollten nämlich nichts als gegeben annehmen. Das Universum ist ständig in Bewegung, es ist eine variable Größe, in der alles möglich ist. Raum und Zeit wurden geschaffen, damit Entwicklung möglich und sichtbar wird, aber sie sind keineswegs absolut. In unserer selbst geschaffenen menschlichen Realität haben Raum und Zeit allerdings Hintergrundcharakter, das heißt, sie dienen als Hintergrund für unsere Erfahrungen in der irdisch-materiellen Welt. Aber weiter dahinter findet sich stets die geistig-energetische Matrix, auf die wir Bezug nehmen und die wir – als energetisches Gebilde – für Veränderungen nutzen können.

Raum und Zeit, räumliche und zeitliche Gesetze sind lediglich Vorgaben, die wir entweder zu unseren Gunsten nutzen, oder bei Bedarf auch elegant umgehen können.

Eine meiner Lieblingsanekdoten aus dem jüdischen Kulturkreis illustriert dies auf wunderbare Weise:

Osteuropa zu Beginn des zwanzigsten Jahrhunderts. Ein Eisenbahnzug ist unterwegs nach Warschau, besetzt hauptsächlich mit Juden, die vor Sabbatbeginn noch nach Hause kommen wollen. Am Sabbat, der am Freitagabend mit Sonnenuntergang beginnt, dürfen orthodoxe Juden ja bekanntlich nicht reisen. Doch aus einer rechtzeitigen Heimkehr scheint nichts zu werden, der Zug hatte unterwegs eine Panne, mußte repariert werden, bevor er die Fahrt fortsetzen konnte. Nun ist man noch ein paar Reisestunden vom Ziel entfernt, und die Sonne neigt sich schon bedrohlich dem Horizont zu. Die Juden im Zug werden unruhig, wissen nicht, was sie tun sollen. Man kann und darf die rituellen Gesetze nicht so ohne weiteres verletzen, und eine rechtzeitige Heimkehr ist nun auch nicht mehr möglich. Da ist guter Rat teuer.

Schließlich wird unter den Mitreisenden ein Rabbiner ausfindig gemacht und dieser um Rat gebeten, was zu tun sei. Der Sabbat, Schabbes, würde in wenigen Minuten beginnen, die Zeit dränge.

Der Rabbi erbittet sich Bedenkzeit, um kurz nachzudenken. Dann spricht er ein Gebet, nimmt eine rituelle Handlung vor und spricht: „Links ist Schabbes, rechts ist Schabbes, und in der Mitte fährt der Zug!“

Damit ist das Problem gelöst und allen Recht getan.

Mir gefällt dieser schöpferische Umgang mit Raum und Zeit. Mit etwas mehr „emotionaler Freiheit“ sind auch wir zu solchen „Wundern“ fähig.

7 Das Wetter als Freund

An einem Sommerwochenende hatten wir Besuch von zwei Freundinnen aus Finnland mit ihren zwei Teenager-Töchtern, die beide zum ersten Mal unser Land besuchten. Schon im Vorfeld ihres Besuches hatten unsere Gäste Programmwünsche angemeldet, so wollten sie am Samstag unbedingt eine Bergtour machen, um die von ihrer Heimat so verschiedene Landschaft kennenzulernen. Natürlich versuchten wir, diesem Wunsch zu entsprechen, doch die Wetterprognose war keineswegs freundlich, von Westen her türmten sich dunkle Wolken und bedeckten den ganzen Himmel, und es war nur eine Frage der Zeit, bis es losprasseln würde.

Da unser Besuch uneinsichtig war, packten wir halt unsere Rucksäcke und fuhren mit unseren Autos auf eine etwa 1000 Meter hoch gelegene Alp, um von dort in einer zirka zweieinhalbstündigen Wanderung einen Voralpengipfel zu erklimmen, der normalerweise einen prächtigen Ausblick auf die Alpenkette bietet.

Ich selbst war nicht sehr zuversichtlich. Ich hatte Angst, wir könnten in ein Gewitter geraten und gnadenlos durchnäßt werden. Unsere Besucher waren zudem nicht gerade wetterfest ausgerüstet, so daß dies sehr unangenehm werden könnte. Da aber niemand meine Bedenken hören wollte, beschloß ich, nachzugeben und die Realität für unser Vorhaben möglichst günstig zu stimmen.

Noch zu Hause formulierte ich: „Es könnte sein, daß wir brutal von Regen durchnäßt werden, und das kann sich ändern. Ich will, daß dieses Problem verschwindet. Ich will, daß wir Wetterglück haben.“

Auf der Alp erwartete uns Nieselregen. Trotzdem nahmen wir die Wanderung in Angriff.

Unterwegs stand ich bei einem Stall unter und bekräftigte erneut: „Das Wetter ist schlecht, und das kann sich ändern. Ich will, daß dieses Problem verschwindet!“

Nach wenigen Minuten hatte der Regen aufgehört. Bald hatte ich die Gruppe wieder eingeholt, und wir stiegen hemdsärmlig in mildem Sommerwetter durch den fast tropisch-feuchten Bergwald und über Alpenwiesen zum Gipfel auf. Die Alpenkette war zwar weitgehend verhüllt, doch der Blick auf die umliegenden Seen und ins Mittelland war prächtig. Das Land war leuchtend grün, der Himmel pechschwarz – und Sekunden nach unserem Eintreten ins rettende Gipfelhotel entleerten sich die ersten Wolken. Während wir entspannt aßen und tranken, prasselte der Regen draußen wie aus Kübeln herab, etwa vierzig Minuten lang. Dann hörte es ebenso plötzlich wieder auf, wir schnürten unsere Rucksäcke und machten uns auf den gut zweistündigen Abstieg. Diese ganzen zwei Stunden über blieb es trocken. Kaum saßen wir aber wieder in den Autos, goß es erneut wie aus Eimern und hörte den ganzen Abend über nicht mehr auf.

Mitten in all den Regengüssen dieses Tages hatten wir eine wunderbare und erinnerungswürdige Wanderung gemacht. Wir waren völlig trocken heimgekehrt, was viel mehr war, als ich an diesem Tag zu hoffen gewagt hätte.

Ein andermal hatte ich mit einem auswärtigen Geschäftsfreund ein Arbeitsessen in Luzern vereinbart. Für unser Treffen, das erst am Abend stattfinden würde, hatte ich mir ein besonderes Ambiente ausgedacht. Luzern liegt ja bekanntlich am West-Ende des Vierwaldstättersees, und die Abendsonne geht sozusagen im Rücken der Stadt unter. Von einem auf einer Landzunge vor der Stadt gelegenen Hotel aus hat man jedoch einen prächtigen Blick auf die Stadt mit ihren

Türmen und Brücken, und auch auf den Sonnenuntergang, wenn man die richtige Jahreszeit berücksichtigt.

Im Restaurant dieses Hotels hatte ich also einen schönen Fenstertisch reserviert, rechtzeitig im voraus, da mir für meinen Gast das Beste gerade gut genug erschien. Während unseres Geschäftsessens sollte sich die Sonne über die Stadt senken, eine goldene Straße über den See malen und den Augenblick auf eine besondere Weise verzaubern.

Aber das Wetter war schlecht an diesem Dienstag, der Himmel mit dicken Wolken bedeckt. Schade, dachte ich, ich war so stolz auf meinen besonderen Einfall gewesen, nun schien alles gewöhnlich und etwas grau zu werden. Aber ich konnte ja noch versuchen, die Umstände zu ändern.

Ich saß bereits am Fenster im Gourmet-Restaurant bei meinem Campari-Orange und erwartete meinen Gast. Ich faltete also meine Hände und sprach: „Der Himmel ist vollkommen zu und verdeckt den Sonnenuntergang, doch das kann sich ändern. Ich will, daß dieses Problem verschwindet.“ Da klingelte mein Handy, und mein Gast teilte mir mit, er habe sich verfahren und würde etwa fünfzehn Minuten verspätet eintreffen. „Kein Problem“, antwortete ich und wiederholte meine Übung.

Nach ein paar Schlucken von meinem Drink hatte ich das Gefühl, Risse in der Wolkendecke wahrzunehmen. Ich saß da, trank genüßlich in kleinen Schlucken und beobachtete, wie der Himmel sich von Augenblick zu Augenblick veränderte. Immer größere Lücken rissen auf, und unvermittelt schoß goldenes Abendlicht hervor und durchflutete den ganzen Raum, just in dem Moment als mein Geschäftsfreund eintraf.

Wir begrüßten uns freudig, und während wir tafelten, wohnten wir einem unglaublichen Naturschauspiel bei. Die Wolken veränderten ihre Farben im Minutentakt, die Lichtstraße auf dem See erglühte, um gleich darauf wieder zu verschwinden oder in einem neuen Licht zu erstrahlen.

Ich empfand das Wetter zutiefst als meinen Freund, denn es trug wesentlich dazu bei, daß dieser Abend so genußvoll und äußerst erfolgreich war.

Es gibt keine Grenzen. Es gibt keine Trennung. Alles ist ein Teil von uns, wir sind ein Teil des großen Ganzen und verbunden mit jedem anderen Teil. Alles gehört zu unserer Familie, zu unserem Dasein, zu unserer Existenz.

Und wir können es machen wie der Heilige Franz von Assisi, der mit seinem Bruder Wind, mit Sonne, Mond und Sternen gesprochen und sie gesegnet hat. Auch wir können das tun und von ihnen Übereinstimmung mit unseren Wünschen erhalten, wann immer wir dies wollen.

8 Ostern

Das Osterfest stand vor der Tür. Da ich rituelle Feste und Zeremonien liebe und auch an die Bedeutung besonderer Tage im Jahr glaube, wollten wir diese Tage besonders feiern.

In der Osternacht hatte ich Lust, die alte schöne Pfarrkirche in unserer Nähe zu besuchen und an der feierlichen Messe teilzunehmen. Obwohl ich kein Kirchenmitglied mehr bin, zieht es mich doch hin und wieder zu besonderen Anlässen in die Kirche, eben der Rituale wegen.

Nach einem kurzen Spaziergang traten wir, meine Frau und ich, also in die Kirche ein, die in einem Lichtermeer von Kerzen hell erstrahlte. Die Kirche war gut gefüllt, die Bläser auf der Empore gaben ihr Bestes, es herrschte eine festliche, getragene Atmosphäre. Ich fühlte mich wohl.

Dieses Wohlgefühl verschwand jedoch im Verlauf der Predigt vollkommen, wandelte sich in Ärger und Frustration. Ich war im voraus schon überzeugt gewesen, daß die katholische Kirche das Mysterium des Menschseins, der Transformation und Auferstehung nicht mehr wirklich vermitteln kann, und diese Überzeugung bestätigte sich einmal mehr auf grauenvolle Weise. Der Prediger begann seine Ansprache damit, daß er den Gläubigen eine Einkaufstüte mit der Aufschrift „Mehr Ostern“ zeigte und sich dann darüber ausließ, was dies seiner Meinung nach bedeuten könnte, ohne daß er selbst sich wirklich vom Niveau eines Supermarktes abgehoben hätte. Ich litt Qualen. Was für eine verpaßte Chance, den anwesenden Menschen etwas über die Tiefe ihres Daseins zu vermitteln und über den Gott in ihnen, der erweckt werden und auferstehen wollte.

Ab diesem Augenblick begann mich alles zu stören, ich ärgerte mich über alles und jedes. Ich überlegte, die Kirche umgehend zu verlassen und das Gasthaus an der Ecke aufzusuchen, um meinen Frust etwas zu zerstreuen. Bevor ich aber aufbrach, kam ich doch noch auf die Idee, es mit einer Realitätsveränderung zu versuchen.

Ich faltete also meine Hände und formulierte in Gedanken: „Ich bin angesichts des hier Gebotenen frustriert und verärgert, und das kann sich ändern. Ich will, daß dieses Problem verschwindet!“ Ich fühlte sofort, wie ich mich wieder entspannte, um den weiteren Verlauf dieser Nacht zu erleben.

„Die Welt ist das, was wir in ihr sehen", heißt eines der magisch-schamanischen Gesetze. Durch meinen veränderten Fokus sah ich meine gegenwärtige Welt, die Ostermesse, wieder anders. Ich war jetzt wieder auf ein wunderbares Erleben programmiert, beziehungsweise einfach offen dafür. Ich bin überzeugt: Wenn wir frei sind von restriktiven und behindernden Glaubenssätzen, sind wir offen für wunderbares Erleben. Sind wir offen für das großartige Schauspiel, genannt „Leben", das vor unseren Augen stets das Beste und Schönste entfaltet, das zu sehen wir in der Lage sind. Denn Sehen geschieht nicht von außen nach innen, sondern von innen nach außen, es ist nicht ein passives, sondern ein aktives Geschehen. Wir sehen das, was wir sehen wollen oder können, nicht mehr und nicht weniger. Ist es also das „Gute", das wir sehen wollen, oder das „Schlechte"?

Die Welt an sich ist weder gut noch schlecht, sie **ist**. Und in ihrer umfassenden Fülle wird sie für uns alles darstellen, was wir in ihr sehen und finden möchten.

Doch zurück zu meiner Geschichte. Ich nahm also wieder entspannter am weiteren Verlauf dieser Osternachtmesse teil. Ich fühlte mich plötzlich ausgesöhnt mit allem um mich herum, mit den Menschen, dem Singen, dem rituellen Geschehen. Es ging so weit, daß ich zu einem späteren Zeitpunkt ein für mich wunderbares Erlebnis mystischer Einheit und Verbundenheit hatte, das mich sehr berührte. Ich war sehr glücklich über diese Erfahrung. Der Besuch des Gottesdienstes hatte sich mehr als gelohnt.

Dieses Erleben hat mir nachdrücklich bewußt gemacht, daß Glück und Glückseligkeit, Erfolg, Gesundheit und Heilung nicht im Außen begründet sind, sondern in unserem Inneren, in unseren Einstellungen und Erwartungen. Also haben wir es in der Hand, jeden Augenblick unseres Lebens erfolgreich und wertvoll zu gestalten und auch widrige Umstände zu transformieren. Das Universum wird uns all unsere Erwartungen in jedem Fall umgehend erfüllen.

9 Mehr Ostern

Nach dem Gottesdienst wurden wir von der Gemeinde ins nahe Pfarrhaus für einen kleinen Umtrunk und für das große Ostereier-Tütschen eingeladen. Ostern ist ja auch ein Fest für Frühling und Fruchtbarkeit, und zu diesem Anlaß werden viele – gekochte – Eier verzehrt, die meist in bunten Farben bemalt oder gar mit besonderen Motiven verziert sind. Wenn mehrere Menschen zusammen sind, gibt es oft eine Art Wettbewerb, wessen Ei über die härteste Schale verfügt und beim „Aneinandertütschen" die Schale des gegnerischen Eies zerbrechen kann.

Wir erhielten also im Pfarrhaus ein Glas Wein und ein Osterei, mit dem wir zum vereinten Tütschen antreten konnten. Während mein Ei im Kampf gegen meinen dritten Gegner zu Bruch ging, so daß ich es genüßlich, gesalzen und gepfeffert natürlich, verzehren konnte, zeigte meine Frau eine ganz andere Performance. Sie besiegte mit ihrem Ei einen „Gegner" nach dem anderen, ging dabei quer durch den ganzen Pfarreisaal, um noch Kontrahenten ausfindig zu machen, bis weit und breit kein intaktes Ei mehr auszumachen war. Schließlich mußte sie ihr Ei an einer Tischkante mutwillig zerbrechen, damit auch sie es verzehren konnte.

Ich selbst hatte inzwischen bereits mein zweites Ei vertilgt. Ich gratulierte ihr lachend zu ihrem tollen Sieg, wir blieben noch eine Weile im Gespräch mit anderen Menschen und machten uns dann auf den Heimweg. Natürlich kamen wir dabei nochmals auf ihren Sieg zu sprechen, auf das Phänomen, daß ihr Ei so viele andere überlebt hatte. Da gestand sie mir, sie hätte das Ei zu Beginn des Wettbewerbs „besprochen" und es so hart gemacht. „Mein Ei ist hart und allen anderen überlegen. Ich will, daß es alle anderen besiegt."

Der Erfolg war so überwältigend, daß sie nach ein paar gewonnen Duellen begann, den anderen zu erzählen, sie habe eben ein Holz-Ei, das den anderen weit überlegen, weil unzerstörbar sei. Alle hätten nur gestaunt und sich in die Niederlage geschickt.

Wir aber waren beide begeistert. War es also so, daß sich selbst das Verhalten eines Objektes nach unserer Einstellung und Erwartung richtete? Daß wir mit Worten und Gedanken die Performance eines Eies beeinflussen konnten?

Wenn ja, wo sonst könnten wir dieses Wissen noch einsetzen, was zu unseren Gunsten verändern? Wie faszinierend ist doch das Magische Universum. Welche Spielmöglichkeiten eröffnet es?! Ein großes Feld grenzenloser Möglichkeiten liegt hier vor uns, das wir nach unseren Wünschen gestalten können. Wunderbar!

Natürlich kann ich mir vorstellen, hier Kritik zu hören. Aber wen interessiert das? Der Magier auf alle Fälle ist nicht besonders am Warum interessiert. Wichtig ist, **daß** es funktioniert! Das ist es, was zählt, alles andere ist sowieso nur Spekulation, da wir mit unserem Verstand das Universum nie abschließend begründen und verstehen werden können. Und während Wissenschaftler, Philosophen und Priester spekulieren, können wir doch die Zusammenhänge nutzen und unsere Realität nach unseren Wünschen gestalten. Oder nicht?

Das jedenfalls ist die Botschaft des Eies der Ursula!

10 Innen oder außen?

Dies ist eine ganz kleine Geschichte, die aber dennoch zum Denken anregt, und deshalb möchte ich sie Ihnen nicht vorenthalten:

Peter ist ein befreundeter Lehrer, ein guter Pädagoge und Freund der Kinder. Vor kurzem hatte er eine fremde Klasse zu beaufsichtigen, die mit einer schriftlichen Aufgabe beschäftigt war, während er Arbeiten seiner eigenen Klasse nachsehen wollte.

Eine Weile ging alles gut, beide Seiten verrichteten die vorgesehenen Arbeiten. Doch allmählich wurden die Schüler lauter und lauter. Eine erste Ermahnung folgte, als Peter feststellte, daß er sich nicht mehr aufs Korrigieren konzentrieren konnte, kurz darauf eine zweite. Doch auch deren Wirkung verpuffte bald, so daß Peter beschloß, es anderweitig zu versuchen.

Ich hatte ihn schon früher in den Gebrauch der 3-Schritte-Technik eingeweiht, und so formulierte er also Folgendes: „Die Klasse ist laut und nervt, und das kann sich ändern. Ich will, daß dieses Problem verschwindet."

„Und dann, was geschah dann?“ fragte ich gespannt, als er einfach mit Erzählen aufhörte.

„Nichts.“ antwortete er. „Ich korrigierte einfach alle meine Hefte zu Ende. Und ich muß ehrlich sagen, ich weiß nicht einmal, ob die Klasse plötzlich so ruhig war, oder ob ich einfach aufgehört habe, genervt zu sein. Auf jeden Fall war das Ganze plötzlich kein Thema mehr, aber ich kann dir wirklich nicht sagen, ob die 3-Schritte-Übung gewirkt hat. Tut mir leid.“

Ich schmunzelte. Ich wußte, natürlich hatte die 3-Schritte-Übung gewirkt. Daß etwas kein Thema mehr ist – ist das nicht gerade das, was wir uns zutiefst wünschen? Einfach weg, gestrichen, wie ausradiert, vom Tisch. Was wunderbar ist an dieser Geschichte ist, daß Peter gar nicht mehr wußte, ob die Veränderung innen oder außen passierte, in seiner inneren Einstellung oder im äußeren Geschehen.

Tatsächlich sprechen wir ja mit der 3-Schritte-Übung vorab zu uns selbst, zu unserem KU (Körper-/Unterbewußtsein). Wir verändern in erster Linie uns selbst, indem wir erst einmal entspannen und uns bewußt machen, daß unsere gegenwärtige Erfahrung auch ganz anders sein kann. Dann machen wir uns bewußt, was genau wir wollen. Diese klare Haltung wirkt dann hinaus ins Universum, und dieses zeigt die entsprechenden Resultate.

Das Wort „resultieren“ stammt übrigens aus dem Lateinischen und bedeutet „zurückspringen“. Ein Resultat ist also etwas, das zu uns zurückspringt, wenn etwas Entsprechendes vorausgegangen ist. Getreu der Volksweisheit: „Wie man in den Wald hineinruft, so schallt es heraus.“

Wenn Peter also seine Haltung ändert, ändert er sowohl Einstellung als auch Ausstrahlung, und dann springt auch etwas Neues zu ihm zurück, dann bekommt er ein anderes „Resultat“, und sein Nachmittag verläuft ganz anders.

Alles Erleben findet ja ohnehin in unserem Inneren statt, in der Wahrnehmung. Ob sich die Veränderung „innen“ oder „außen“ vollzieht, spielt also im Grunde gar keine Rolle. Da letztlich alles „innen“ registriert wird. Und wenn es Peter gelingt, das Nervige in seiner Erfahrung vergessen zu machen, dann hat er sein Ziel doch erreicht, nicht? Und das ist es ja, was letztlich für einen „Stadtschamanen“ zählt!

11 Eine Frage der Einstellung

Ich saß mit einer Gruppe von Lehrerinnen und Lehrern in ihrem Stammcafé am Mittagtisch. Es gab angeregte Gespräche über Gott und die Welt, bis es schließlich wieder Zeit wurde, zum Nachmittagsunterricht aufzubrechen.

„Ach“, stöhnte die junge Pia beim Zahlen, „heute Nachmittag habe ich so doofe Schüler, ich wünschte, er wäre schon vorbei“.

„Weißt du was“, mischte ich mich ein, „versuche es doch einmal mit etwas anderem. Sprich mir nach: „Heute Nachmittag habe ich doofe Schüler, und das kann sich ändern. Ich will, daß dieses Problem weggeht.“

Sie sah mich verdutzt an, tat aber wie geheißen und sprach mir die Sätze nach. Wir verankerten die neue Absicht rituell, dann verabschiedeten sich alle voneinander, die Lehrerinnen und Lehrer verschwanden in Richtung ihrer Schulzimmer, ich begab mich in mein Büro, um meine anstehenden Arbeiten zu erledigen.

Zufällig lief mir Pia am selben Abend noch mal über den Weg.

„Und“, wollte ich wissen, „wie war dein Nachmittag?“

„Richtig super“, sagte sie. „Die Schüler waren ganz anders als sonst, sie waren richtig aufgeweckt und interessiert. Wir hatten richtig Spaß miteinander. Ich muß sagen, dein Trick hat gewirkt. Die waren wie umgedreht.“

„Fein!“ sagte ich nur, denn an der Straßenekke blieb im Vorübergehen nicht Zeit für mehr.

Gerne hätte ich mehr gesagt, mußte dies aber an anderer Stelle nachholen. Und da habe ich in etwa gesagt: „Äußerlich sieht es so aus, als seien die Schüler mal begeistert, mal wieder doof, und vielleicht glaubst du, das sei ganz einfach so. Bist du dir aber bewußt, daß DU mit deiner Einstellung und Erwartung den Hintergrund für eine andere Erfahrung ermöglicht hast?! Und daß sich die Schülerinnen und Schüler nur entsprechend deiner Erwartung verhalten haben?“

„Ja schon“, sagte sie etwas verwirrt, und nach einer kurzen Pause fügte sie hinzu: „Aber meistens sind sie doof.“

???

Also wieder da capo. „Du selbst bestimmst mit deiner Erwartung und Überzeugung, wie dein Nachmittag verläuft. Du machst ihn ‚interessant' oder ,doof', je nachdem, was du darüber denkst."

Sie hörte mir zu, jedenfalls machte es den Anschein. Aber sie ließ nicht locker: „Du kannst dir gar nicht vorstellen, wie doof Schüler sein können. Du müßtest es mal erleben!"

Ich mußte weiter, und so nehme ich an, daß Pia heute noch ,doofe' Nachmittage mit ,doofen' Schülern erlebt – als selbsterfüllende Prophezeiungen sozusagen.

Können Sie als geneigte Leserin oder geneigter Leser hinter die Dynamik dieses Geschehens blicken? Können Sie die Zusammenhänge zwischen innen und außen erkennen? Und vor allem: Können Sie sich vorstellen, daß in Ihrem Leben nichts mehr „doof" sein könnte? Weil Sie immer und jederzeit das Beste erwarten, weil Sie allem gegenüber freundlich gestimmt sind, weil Sie Ihre Nachmittage „voraussehen" im besten Licht, in freudiger Erwartung und heiterer Gelassenheit. Weil Sie keine Schuldigen brauchen, die Ihnen das „Recht" geben, sich mies und doof zu fühlen.

Hm, können Sie? Wenn ja, dann hat Pia Ihnen ein großes Geschenk gemacht.

Was erwarten wir von unseren Nachmittagen? Was von unserer Arbeit, unserem Job? Was von unserem Partner, von der Beziehung, was von anderen Menschen? Gestalten wir mit Hilfe all unserer Erwartungen ein wahrhaft königliches Leben, oder mißbrauchen wir sie, um uns regelmäßig mies zu fühlen?

Wenn man den Menschen beim Sprechen und Erzählen zuhört, hat man oft das Gefühl, in einer Welt von Miesepetern zu leben. Jeder will den anderen beim Jammern noch übertreffen. Selbst draußen in der herrlichen Natur erzählen sie oft lieber von ihren Gebrechen und Nöten, anstatt sich an den Schönheiten der Umgebung zu erfreuen und auf andere Gedanken zu kommen.

So ist es gar nicht so einfach, stets das Beste vor Augen zu haben, in allem etwas Gutes zu sehen und von dem zu sprechen, was man wirklich will. Alle Schwierigkeiten und Nöte sind zu nichts anderem gut, als daß wir lernen können, sie zu ändern zu unserem Besten.

Und auf diese Weise können wir erkennen, wer wir zutiefst sind, nämlich Magier, Schamanen, Schöpfer unserer eigenen Lebensumstände.

HEUTE NACHMITTAG HABE ICH SO DOOFE SCHÜLER, UND DAS KANN SICH ÄNDERN

Juhui Schule

12 Engadin

Vor vielen Jahren, lange bevor ich mir der Möglichkeiten der Realitätsveränderung bewußt wurde, hatte ich vor, im Engadin Ferien zu machen. Als Kind hatte ich mit meinen Eltern und Geschwistern manchen Sommer hier oben verbracht. Meine Eltern hatten jeweils ein großes altes Bauernhaus mit einem riesigen Garten gemietet, und ich hatte diese wunderbaren Bergsommerwochen in bester Erinnerung.

Aber das war Jahre her, nun wollte ich einmal meinen Winterurlaub in diesem herrlichen Hochtal verbringen. Über die Gemeinde fand ich ein Mietobjekt, das ich nicht kannte. Ich freute mich sehr auf diese Zeit, und aus der Freude heraus prägte sich in mir ein Mantra, das ich fortan in mir trug: „Ich liebe das Engadin, und das Engadin liebt mich." Diesen Satz dachte, sprach oder sang ich während Wochen, ich freute mich so sehr auf die bevorstehende Ferienzeit.

Schließlich war es so weit, wir machten uns auf die Reise. Und ich sage Ihnen, es war eine Reise voll von Wundern. Angefangen bei diesem zauberhaften Häuschen, das in der herrlichen

Schneelandschaft lag wie ein Juwel, über wunderbare Ski-Touren, Gletscherabfahrten, Spaziergänge mit Wildbegegnungen, einem Himmel voll von goldenem Sonnenschein, von wunderbarem Morgen- und Abendrot, einem vollkommenen Sternenhimmel, ja sogar ein Nordlicht war einmal zu sehen.

Es gab wunderbare Begegnungen im Zug der Rhätischen Bahn, auf Berghütten und in Gasthäusern. Ich verbrachte eine Zeit wie im Märchen, alles war wie von Zauberhand gestaltet, Schlag auf Schlag, wie ein fulminantes Feuerwerk. Es war eine richtige Hoch-Zeit der Gefühle und des Genießens. Nie zuvor hatte ich eine solche Fülle erlebt, einen solchen Reichtum an Freude und Magie. Und dankbar sagte ich mir immer wieder, während ich staunend den Kopf schüttelte: „Ich liebe das Engadin, und das Engadin liebt mich!“

Was als Gedankenspielerei begonnen hatte, war Realität geworden in einem wunderbaren Ausmaß, wie ich es mir nie hätte erträumen können. Die Liebe, die ich vom „Engadin“, vom Universum zurückerhielt, war einfach überwältigend.

Ich hatte ein Versprechen abgegeben – „ich liebe das Engadin“ – und daraufhin hatte das Engadin seinen Teil des Versprechens auf überwältigende Art und Weise eingelöst: „und das Engadin liebt mich!“ Getreu dem arabischen Sprichwort: „Wenn du einen Schritt auf Gott zugehst, geht Gott tausend Schritte auf dich zu.“ Genauso habe ich diese Ferien erlebt, als ob Gott tausend Schritte auf mich zugekommen wäre…

13 Rechtzeitig nach Hause

Salome und Isaac wohnen in Jerusalem. Für ein besonderes Seminar über Schamanismus waren sie zusammen für ein Wochenende in die Schweiz geflogen, lag dies doch viel näher, als ihren Lehrer auf Hawaii zu besuchen. Für ihre beiden Kinder hatten sie einen Babysitter engagiert und mit diesem vereinbart, daß sie im Laufe des Montags wieder daheim eintreffen und die Kinder übernehmen würden.

Nach einem begeisternden Seminar und einem anschließenden Besuch bei Freunden begaben sie sich am Montagmorgen rechtzeitig zum Flughafen bei Zürich. Als sie im Warteraum saßen, ertönte plötzlich eine Stimme im Lautsprecher, die verkündete, daß sich der Flug nach Tel Aviv auf Grund technischer Probleme an der Maschine um unbestimmte Zeit verspäten würde. Die Passagiere würden gebeten, an einem bestimmten Schalter Essenscoupons für ein freies Mittagessen in Empfang zu nehmen und auf weitere Anweisungen zu warten.

Kurzfristig gerieten Salome und Isaac in Panik. Sie wußten, der Babysitter, der ihre Kinder betreute, mußte selbst nach Hause und zur Arbeit, konnte unmöglich länger bleiben. Was könnte man also tun, wen mit der Kinderbetreuung beauftragen? Und was war mit der eigenen Arbeit, würde man dafür rechtzeitig zurückkehren?

Nach einer kurzen Unruhe bekamen beide wieder einen klaren Kopf, sie beschlossen, es zumindest zu versuchen, die Realität wieder zu ihren Gunsten zu ändern. Als erstes suchten sie sich im Flughafengebäude eine ruhige Ecke aus, wo sie bequem und entspannt sitzen und sich auf das Gewünschte konzentrieren konnten. Dann einigten sie sich auf die Formulierung: „Unsere Maschine hat möglicherweise technische Probleme, und das kann sich ändern. Wir beide wollen, daß dieses Problem verschwindet." Sie machten die rituellen Gesten und wiederholten das Ganze ein paar Mal. Dann entspannten sie sich, mehr konnten sie beim besten Willen nicht tun.

Sie saßen noch in ihrer Ecke, hatten noch nicht einmal die Essenscoupons geholt, als wiederum die Stimme aus dem Lautsprecher ertönte. Diesmal verkündete sie, der Flug nach Tel Aviv könne nun doch zur geplanten Zeit stattfinden, und die Passagiere würden gebeten, sich unverzüglich zum entsprechenden Ausgang zu begeben.

Die beiden fielen sich in die Arme. Mit einer so prompten Lösung hatten nicht einmal sie als Jungschamanen gerechnet. Dankbar nahmen sie die neue Realität an und begaben sich leichten Schrittes zum bezeichneten Ausgang.

Bis zum tatsächlichen Take-off der Maschine dauerte es dann doch noch eine knappe Stunde, schließlich waren einige Passagiere bereits dabei, ihre Essenscoupons zu verfuttern, beziehungsweise das, was sie dafür erhielten.

Dank Rückenwind war die Verspätung jedoch bis Tel Aviv weitgehend wettgemacht, so daß die beiden schließlich rechtzeitig zu Hause in Jerusalem eintrafen und ihre Kinder glücklich in die Arme schließen konnten.

14 Die Möglichkeitsform

Bei der Bezeichnung und Benennung eines Problems brauche ich sehr gern und sehr oft die Möglichkeitsform:

„Es könnte sein, daß das Flugzeug technische Probleme hat ...“

„Es könnte sein, daß ich die Nase voll habe von irgend etwas ...“, wenn meine Nase trieft.

„Möglicherweise zerbreche ich mir den Kopf über irgend etwas“, wenn ich Kopfschmerzen oder Haarausfall habe.

Meistens fahre ich damit sehr gut, vermutlich aus folgenden Gründen:

- Was weiß ich, ob das Flugzeug tatsächlich technische Probleme hat, vielleicht ja, vielleicht ja auch nicht. Auf jeden Fall werde ich auf diese Weise ein Problem nicht herbeireden, werde ich nicht etwas „verschreien“ und damit Energie auf eine Sache geben, die ich ohnehin nicht will.
- Die Bedeutung eines Symptoms mag mir zur Zeit nicht bewußt sein, vielleicht finde ich gerade keinen Zugang dazu. Um mein KU (Körper-/Unterbewußtsein) nicht mit

einer falschen Vermutung vor den Kopf zu stoßen, wähle ich lieber die Formulierung einer Möglichkeit. Wenn das KU sich nicht verstanden fühlt, kann es bockig werden und die Zusammenarbeit, beziehungsweise die Ausführung der Anweisungen verweigern. Mit der Wahl der Möglichkeitsform sehe ich von einer möglichen Unterstellung ab, das heißt, ich unterstelle ihm nicht eine unkorrekte Vermutung.

- „Es könnte sein, daß da etwas wäre …“ öffnet die Möglichkeit, daß die allfälligen Probleme verschwinden. Das Universum weiß selbst am besten, wo der Hase im Pfeffer liegt, sprich, wo das Problem liegt und wie dessen Lösung aussieht. Die Lösungsenergie geht dann sozusagen automatisch an die richtige Stelle und irrt nicht irgendwelchen falschen Vermutungen hinterher.

Nadja hatte über Nacht einen häßlichen Pickel im Gesicht gekriegt, ihr linkes Auge sah aus, als wäre es von einem üblen Fausthieb traktiert worden. Als modebewußte junge Frau war sie verzweifelt, so konnte sie unmöglich unter die Leute gehen, auch ein kräftiges Make-up würde das Problem nicht wirklich beseitigen.

Ihr Hilferuf erfolgte um die Mittagszeit. Ich hörte mir ihre Schilderung bis ins Detail an, für mich klang es so, als ob ihr KU ihr zeigen wollte, daß es „empfindlich getroffen“ sei. Also fragte ich: „Bist du vielleicht in irgendeiner Weise verletzt worden – möglicherweise von einer anderen Frau?“ Ich weiß, daß Verletzungen auf der linken Körperseite oft mit einem Konflikt mit einer weiblichen Person zu tun haben.

„Nicht daß ich wüßte.“

Na ja, – der oder die Betroffene tut oft so, als hätte er oder sie keine Ahnung. Deshalb fragte ich weiter:

„Was hast du denn gestern gemacht?“

Es stellte sich heraus, daß sie mit ihrer besten Freundin einen Frauenabend geplant hatte. Zu diesem war jedoch nicht nur die Freundin selbst erschienen, sie hatte auch ihren neuen Lover mitgebracht. Neben den beiden Turteltäubchen hatte sich Nadja leicht fehl am Platz gefühlt, wie sie selbst sagte.

„Und hat dich das verletzt?“ wollte ich wissen.

„Nicht wirklich“, meinte sie, sie verstehe die beiden doch voll und ganz. Wenn man so frisch verliebt sei …, und so weiter.

„Möglicherweise fühlt sich dein Unterbewußtsein aber doch verletzt“, insistierte ich, da ich mir dessen sicher war.

„Ich glaube nicht, aber wir können es ja versuchen.“

Also formulierten wir: „Es könnte sein, daß ich mich so fühle, als ob ich einen Schlag aufs Auge erhalten hätte, und das kann sich ändern. Ich will, daß dieses Problem verschwindet.“ Zur Bekräftigung wurde noch ein ritueller Anker gesetzt.

Am frühen Nachmittag waren Pickel und Schwellung verschwunden. Offensichtlich hatten wir also den Nagel auf den Kopf getroffen, beziehungsweise die Nadel im Heuhaufen gefunden. Bewußt und definitiv hätte Nadja jedoch nie zugegeben, daß sie sich von ihrer Freundin verletzt fühlte, wohl weil sie glaubte, dann würde sie ihr den Schatz nicht gönnen. Mit der Zuhilfenahme der Möglichkeitsform konnten wir einen allfälligen Widerstand umschiffen und unser Ziel problemlos erreichen. – Gewußt wie!

15 Beim Zahnarzt

Rebekka hatte einen Termin beim Zahnarzt. Lange hatte sie sich davor gedrückt, doch schließlich hatte sie doch angerufen und sich zur Dentalhygiene und zur Kontrolle angemeldet.

Die Dentalhygienikerin war eine robuste, rustikale Frau, und entsprechend war ihr Vorgehen an den Zähnen. Schmerzvoll verzog Rebekka das Gesicht. Sprechen konnte sie mit dem weit geöffneten Mund nicht, sich wehren auch nicht. Sie saß oder lag vielmehr wie ein Opfer im Zahnarztstuhl und hoffte, die Tortur möge bald ein Ende haben. Schließlich besann sie sich aber doch eines Besseren. Sie wußte nämlich um die Möglichkeiten, die persönliche Realität sofort zu verändern. Hilflos im Behandlungsstuhl daliegend, formulierte sie in Gedanken: „Die Frau ist grob, und das kann sich ändern. Ich will, daß dieses Problem verschwindet."

Nach wenigen Augenblicken spürte sie bereits, daß die Dentalhygienikerin ihren Stil verändert hatte. Ihre Arbeitsweise war plötzlich sanft geworden. Hatte sie zuvor noch das halbe Zahnfleisch mitentfernt – so jedenfalls hatte es sich angefühlt –, war sie jetzt plötzlich die Ruhe selbst und die Sanftheit in Person. Rebekka staunte Bauklötze, nahm aber die veränderte Realität dankbar zur Kenntnis. Entspannt ließ sie sich in den Sessel zurückfallen und genoß die Pflege ihrer schönen Zähne. Anschließend sprach sie der Frau ein dickes Lob aus. Ob bewußt oder unbewußt, sie hatte es sich verdient, schließlich hatte sie sich zu einem veränderten Umgang bewegen lassen.

Die Frage ist natürlich, ob Rebekka mit ihrer doch eher negativen und ablehnenden Erwartungshaltung erst das grobe Vorgehen der Zahnhygienikerin provoziert und so diese erste Realität geschaffen hatte. Wahrscheinlich ist es so, da wir ja immer mit unseren Erwartungen und Befürchtungen die Realität herbeirufen, die wir – meist insgeheim – erwarten.

Ich selbst war vor ein paar Wochen wieder zur Kontrolle bei meinem Zahnarzt, und da ich nicht alle paar Monate dort aufkreuze, fanden sich doch wieder zwei Löcher, die geflickt werden wollten. Bevor es in die Vollen ging, erläuterte mir der Zahnarzt sein Vorgehen. Da ein Loch etwas größer war und zudem in der Nähe zu einem Nerv lag, fragte er mich, ob ich eine Spritze wolle, da ich vermutlich stärkere Schmerzen empfinden würde. Ich überlegte kurz, verneinte dann, da ich beschlossen hatte, es mit meiner eigenen Methode zu versuchen. Wichtig war, mein KU zu informieren und miteinzubeziehen:

„Möglicherweise tut`s jetzt gleich weh, und das kann sich ändern. Ich will, daß dieses Problem verschwindet.“ So dachte ich einfach in Gedanken, lehnte mich zurück und schloß die Augen.

Der Eingriff verlief völlig problemlos. Während der ganzen Stunde hatte ich überhaupt keine unangenehmen Empfindungen, von Schmerzen ganz zu schweigen. Mein Mund war wie neutralisiert, fühlte sich fast an wie betäubt. Hatte mein KU eine Art mentale Anästhesie appliziert? Das Resultat war jedenfalls verblüffend. Putzmunter verließ ich den Zahnarztstuhl, als ob ich ein kleines Nickerchen gemacht und mich dabei blendend erholt hätte.

16 „Cool Runnings“

Rick und Sandy verbrachten die Zeit über Weihnachten und Neujahr in ihrem Lieblingshotel in den Bergen. Die Tage waren ausgefüllt mit wunderbaren Bergtouren auf die umliegenden Gipfel und vergingen wie im Flug. Für Silvester hatten sie Ricks Bruder Tom und dessen Frau Nele eingeladen, um gemeinsam zu feiern und ins neue Jahr hinüberzurutschen. Die beiden Paare hatten schon viel zusammen erlebt, gute und schlechte Zeiten, und so wollte man es halt wieder einmal miteinander versuchen.

Niemand wußte genau wie und warum, aber ein alter Streit brach auf, und so war die Stimmung alles andere als lustig oder gar feierlich. Irgendwie brachte man aber den Abend und die Nacht über die Runden, und am anderen Tag begaben sich alle vier wider ihre Gefühle gemeinsam auf eine Tour. Am Abend wollten Rick und Sandy dann nach Hause zurückfahren, Tom und Nele hatten vor, noch ein paar Tage in dem Hotel zu verbringen.

Das Wetter war eisig kalt, die Stimmung ebenfalls. Man ging sich aus dem Weg, die Paare trotteten getrennt voneinander verbissen zum Gipfel hoch. Das Picknick auf dem Gipfel war der Höhepunkt eisigen Schweigens, abgesehen von ein paar verletzenden Bemerkungen. Ein klärendes Gespräch fand nicht statt, alle verharrten in ihren Positionen.

Rick kochte vor Wut. Wie hatte er überhaupt auf die Idee kommen können, die beiden an seinen Lieblingskraftort einzuladen? Womit hatte er diesen jämmerlichen Abschluß einer an sich so tollen Woche verdient?

Er beschloß, das Beste wäre, das Ganze so schnell wie möglich hinter sich zu bringen, die Wut herunterzuschlucken und unter diplomatischem Blabla zu kaschieren. Jeder fuhr für sich hinunter auf die Paßhöhe, wo die Autos geparkt waren. Man lud ein, ein letzter gemeinsamer Kaffee wurde dankend abgelehnt, dann machten sich Rick und Sandy auf den Heimweg.

Die Wut saß tief, aber beide waren erst einmal sprachlos, einfach nur froh, wieder zu zweit zu sein, sie waren unfähig, ihre Gefühle zu äußern. Rick trat aufs Gaspedal, um möglichst schnell weit weg zu kommen. Als erstes mußte ein weiterer Paß überwunden werden, bevor dann die lange Abfahrt ins Unterland und nach Hause erfolgte.

Auf der Paßhöhe leuchtete im Cockpit des schnellen 3-Liter-Wagens ein unbekanntes Kontrollämpchen auf. Rick bat Sandy, die Gebrauchsanleitung aus dem Handschuhfach zu nehmen, um nachzuschauen, was das Aufleuchten dieses Lämpchens bedeutete.

„Eine Störung des Kühlsystems, der Hersteller empfiehlt sofort anzuhalten", las Sandy.

Rick kannte die Strecke, er wußte, daß sie bald zu einer Autowerkstatt kommen würden, die etwas unterhalb der Paßhöhe an der Straße lag. Also würde er bis dorthin weiterfahren. Obwohl Freitagabend war und es bereits dämmerte, fanden sie in der Werkstatt noch einen Mechaniker vor, der den Wagen inspizierte. Nach wenigen Minuten schon schüttelte er den Kopf: „Sie müssen den Wagen hierlassen. Der Kühler ist im Eimer. Wenn Sie weiterfahren, riskieren Sie, daß der Motor kaputtgeht."

Es war Freitagabend. Das nächste Dorf mit einer Unterkunft war einige Kilometer weit weg, eine Markenwerkstatt noch weiter. Den Wagen hierzulassen bedeutete widrige Umstände ohne Ende. Vielleicht müßte man das Wochenende in irgendeinem Kaff verbringen oder mit einem Mietwagen oder öffentlichen Verkehrsmitteln nach Hause zurückkehren, was weit über 200 Kilometer entfernt war. Nach der Reparatur – Ersatzteile mußten bestimmt erst bestellt werden – würde man den Wagen dann auf die gleiche umständliche Art wieder abholen müssen.

Rick war fassungslos. Er wußte, nun war nicht ihm der Kragen geplatzt, sondern dem Kühler seines Wagens. Sein geliebtes Auto hatte die unterdrückten Spannungen aufgenommen und ausagiert. Er wußte, er würde das nicht so auf sich sitzen lassen. Nun wollte er wenigstens versuchen, die Situation nach Möglichkeit zu retten.

Er fragte den Mechaniker, ob man nicht doch noch etwas weiterfahren könne. Dieser riet, den Kühler mit Wasser zu füllen, dann könne man es vielleicht versuchen, wenigstens bis zum nächsten Dorf, er allerdings würde dringend davon abraten. Dann ließ er Rick einfach stehen. Er hatte wohl genug von diesem uneinsichtigen Stadtmenschen.

Rick setzte sich wieder in den Wagen. Er entspannte sich erst einmal, dann brachte er die Hände in die rituelle Stellung für die 3-Schritte-Technik. Was wäre die richtige Formulierung für dieses Problem? –Er wußte es nicht. Alles, was er wußte, war, daß er es einfach versuchen wollte. Er wählte: „Mein Kühler kocht über vor Wut, und das kann sich ändern. Ich will, daß dieses Problem verschwindet!“

Er wartete einen Moment, dann fügte er noch hinzu: „Mein Kühler hat möglicherweise ein Problem, und das kann sich ändern. Ich will, daß dieses Problem verschwindet!“ Dann nahm er allen Mut zusammen, startete den Motor und fuhr die Paßstraße hinunter, erst einmal die paar Kilometer bis zum nächsten Dorf. Das Lämpchen blieb unauffällig, obwohl beide es wie hypnotisiert im Auge behielten. Rick beschloß, auf der Straße zu bleiben und weiterzufahren. Nach einer guten halben Stunde kamen sie auf die Autobahn. Ein Gefühl von Erleichterung machte sich breit, man hatte die „Zivilisation“ wieder erreicht. Rick fuhr weiter, über 150 Kilometer Autobahn, das Lämpchen blieb ruhig, die ganze Strecke. Ohne weitere Zwischenfälle kamen die beiden nach Hause, sie konnten es kaum glauben und fielen sich erleichtert in die Arme.

Der Kühler war allerdings definitiv kaputt, obwohl Rick gehofft hatte, mit seiner Magie selbst den Defekt rückgängig oder ungeschehen machen zu können. Damit war diesmal nichts. Trotzdem waren sie mit einem blauen Auge davongekommen. Das Ganze hätte weit teurer und umständlicher ausfallen können. So konnte der Wagen problemlos in der nahen Markengarage repariert werden.

Was die beiden noch aus dieser Geschichte mitnahmen, war, daß unterdrückte Gefühle eine verheerende Wirkung haben können. Bei der nächsten Gelegenheit wollte man diese an der Wurzel packen und entweder sofort verändern oder sofort äußern. Auf jeden Fall hatten sie eine Lektion über die Zusammenhänge des Lebens gelernt.

17 Einkaufsglück

Beate war auf Einkaufstour. Sie hatte beschlossen, ein paar neue Kleider zu kaufen um den Frühling zu feiern und sich ein bißchen zu verwöhnen. Ein Kostüm sollte es sein, eine schicke Hose, eine Bluse dazu und natürlich die passenden Schuhe.

Sie besuchte ein erstes Geschäft, sah sich ausgiebig um, probierte dieses und jenes an, ließ sich gar beraten, aber was sie auch tat, nichts vom Anprobierten erfüllte sie mit Glück und Zufriedenheit.

Also wechselte sie in ein anderes Geschäft, mit dem sie im Grunde stets zufrieden gewesen war. Aber auch hier fand sie nicht das Gewünschte. Irgendwie geriet sie schon ein wenig aus dem Gleichgewicht. Dies war wohl nicht ihr Tag. Gefühle und Erinnerungen kamen hoch, wie sie als Kind mit ihrer Mutter Kleiderkaufen war. Stets hatte die Mutter versucht, ihren Geschmack auf Beate auszudehnen, wobei sie mehr oder weniger erfolgreich blieb. Jedenfalls hatte sich Beate dabei nie besonders wohl gefühlt, nicht glücklich, nicht besonders schön, nicht besonders liebenswert. Warum kam dieser Mist ausgerechnet an so einem schönen Frühlingstag wieder hoch, darauf hätte sie echt verzichten können.

Sie beschloß, eine kurze Auszeit zu nehmen und irgendwo einen Kaffee zu trinken. Sie entspannte sich, und da kam ihr in den Sinn, daß sie ja versuchen könnte, die Realität dieses Augenblicks und die Energie dieses Nachmittags zu verändern. Also brachte sie ihre Hände unauffällig in Stellung und formulierte in Gedanken: „Ich habe kein Glück beim Kleiderkaufen, und das kann sich ändern. Ich will, daß dieses Problem verschwindet." Sie klopfte sich unauffällig auf Brust, Stirn und Scheitel und atmete in Scheitel und Füße ein und aus. Dann trank sie mit Muße ihren Kaffee aus und machte sich wieder auf den Weg.

Das erste Geschäft, das sie daraufhin betrat, erfüllte all ihre Wünsche. „Ein Superladen!", freute sie sich, und dort fand sie erst einmal eine gute Beratung, dann ihr Kostüm, ihre Hose, die Bluse und die Schuhe, und alles zu einem erschwinglichen, vernünftigen Preis. Ihre Energie hatte vollkommen gedreht. Sie fühlte sich jetzt schön, geliebt, getragen vom Leben und von ihren Wünschen. Sie war „Pretty Woman" in Beverly

Hills, eine Göttin an der Schwelle zu einem neuen Leben.

Kleine Ursache, große Wirkung. Ein einfaches Umpositionieren des inneren Fokus hatte diesen Nachmittag vollkommen verändert und aus einem scheuen Mauerblümchen eine Königin, eine Göttin gemacht!

„Der Weg zur Erfüllung der Wünsche
ist einfach zu wissen, was du willst,
und dich würdig zu erachten,
es auch zu bekommen.“

Ramtha

18 Alkoholismus

Die folgende Geschichte zeigt, wie wir mit unseren Gedanken und Gefühlen, vor allem aber auch mit unseren Entscheidungen nicht nur uns selbst berühren, sondern auch die Menschen um uns herum. Im Geiste, auf der geistigen Ebene, der Ebene der Gedanken, sind wir mit allem und allen ohne Schranken verbunden.

Aufgrund dieser Tatsache können wir andere auf dieser Ebene auch viel besser erreichen als auf der Ebene der direkten verbalen Kommunikation. Mit direkter verbaler Kommunikation stoßen wir oft auf den Widerstand unseres Gegenübers, das sich gegen eine Einmischung von außen zur Wehr setzen mag. Auf der geistigen, höheren Ebene besteht dieser Widerstand meist nicht, da das Ego nicht bis hier hinaufreicht oder dort wenigstens nicht so „dicht" ist. Deshalb können wir auf der mentalen Ebene optimal unsere Wünsche und Ziele plazieren. Aber dies sind nur Erklärungsversuche. Wichtig ist einzig und allein, daß es funktioniert.

Nun zur Geschichte:

Silvia ist eine attraktive Frau Ende dreißig, verheiratet, mit zwei Söhnen, die beide in Schule und Sport zu großen Hoffnungen Anlaß geben und der Mutter ganzer Stolz sind. Ihr eigentliches Sorgenkind ist ihr Mann. Er war in seinem Leben nie richtig in die Gänge gekommen, hatte den Tritt nie so richtig gefunden. Beruflich machte er mal dies, mal das, immer mit mehr oder weniger Erfolg. Da er ein Einzelgänger war, hielt er es nie lange irgendwo aus, meist kam er mit den anderen nicht klar, eckte an. Offensichtlich war er mit sich selbst nicht im Reinen, und statt sich um Klarheit zu bemühen, ertränkte er seinen Nebel in Alkohol.

Die beiden waren schon getrennt gewesen, hatten dann wieder zusammengefunden, aber die Sache mit dem Alkohol ließ sich nicht beheben und blieb tabu. So kam Silvia zu mir und bat um Hilfe. Ich ließ sie reden, fast eine Stunde lang, und die Atmosphäre bei mir im Raum wurde immer düsterer. Nein, ihr Mann würde nie die Schwelle zu einem Psychologen betreten, und überhaupt sehe sie schwarz.

Schließlich wurde es mir zu bunt, eigentlich zu düster, und ich unterbrach sie: „Möchten Sie jetzt etwas tun, um die ganze Sache zu verändern und zu verbessern?“

Sie schaute mich etwas entgeistert an. Ich hatte sie aus dem Tritt gebracht. Sie überlegte eine ganze Weile, dann sagte sie etwas unsicher: „Ja."

„Ich zeige Ihnen jetzt eine Übung. Machen Sie sie einfach mit, denn sie ist äußerst wirksam."

Ich erklärte ihr die 3-Schritte-Technik mit wenigen Worten, dann übten wir sie gemeinsam durch.

„Mein Mann hat ein Problem mit dem Alkohol, und das kann sich ändern. Ich will, daß dieses Problem verschwindet." Ritual zum Verankern, Klopfen und Atmen, dann entließ ich sie. Die Übung sollte sie wiederholen, wann immer ihr danach war. Und da sie mich wiedersehen wollte, machten wir einen weiteren Termin in zwei Wochen aus.

Sie kam pünktlich, war noch hübscher als beim ersten Mal und sprudelte gleich los:

„Es ist unglaublich, mein Mann hat sich vollkommen verändert. Ich habe ihm kein Wort gesagt, aber er hat sich von sich aus zu einer Entziehungskur angemeldet. Er ist auch ganz anders zu mir und den Söhnen. Und er hat Pläne, beruflich etwas zu machen, was ihn wirklich erfüllt, etwas, wo er seine handwerklichen Fähigkeiten nutzen kann. Ich freue mich richtig auf die Zukunft."

Sie verabschiedete sich gleich wieder, versprach, sich bei Bedarf wieder zu melden, doch bis heute scheint dieser Bedarf nicht eingetreten zu sein.

Etwas wehmütig dachte ich daran, daß ich früher mit einer solchen Klientin ohne weiteres zehn bis zwanzig Sitzungen hätte machen können, was mich zwar nicht wirklich begeistert, aber doch meine Betriebskasse gefüllt hätte. Aber das war nur so ein ganz kurzer Gedanke, den ich gleich wieder von mir wies, denn nach den alten Zeiten der Psychotherapie sehnte ich mich wirklich nicht zurück.

Aus meiner Erfahrung weiß ich, daß sich der Mann nie hätte drängen oder beeinflussen lassen. Er mußte selbst den Weg der Lösung finden und sich dafür entscheiden. Da sie ihre Worte der Entscheidung auf der schöpferischen Ebene des Geistes eingespeist hatte, statt sie ihm an den Kopf zu werfen, konnten sie ihn ohne Widerstand erreichen, so daß er das Gefühl haben konnte, sie wären von ihm selbst. In seiner Seele war er offen für diese Gedanken, und so machte er sie zu seinen eigenen.

Was ist nun, wenn der Mann zurückfällt in die bekannten Mechanismen der Verdrängung? Es bedeutet lediglich, daß auf neue Situationen wieder mit den alten Reaktionsmustern reagiert wird. Und dann gilt es, erneut das Neue zu wählen und zu bekräftigen. Denken wir daran, jeder Augenblick ist neu, und es steht jedem frei, wie er auf die Situation des Augenblicks reagieren will. Es hilft dann nichts zu denken „Ja, jetzt hab ich doch eben…“ Dann müssen wir einfach noch mal ran!

Hier, an diesem Punkt, entscheiden viele aufzugeben, nicht weiterzumachen. Sie entscheiden, zu den alten Verhaltens- und Reaktionsmustern zurückzukehren, anstatt entschieden an der Wahl zum Neuen festzuhalten. Und sowohl das KU, unser Körperselbst/Unterbewußtsein, als auch das Universum akzeptieren jede Entscheidung willig. Das KU ist vielleicht sogar froh darüber, so muß es nämlich nicht umlernen, muß nichts Neues in Angriff nehmen und kann bequem beim Alten bleiben.

Die Bequemen sagen dann: „Ich hab's versucht, aber diese Methode taugt auch nichts.“

Als ob sie, wenn sie **einmal** gekocht haben, dann das ganze Leben zu essen hätten!

Erinnern wir uns: Wenn wir die Wunder des Lebens erfahren wollen, müssen wir mitarbeiten – und zwar Tag für Tag.

19 Alles löst sich, wenn man es zuläßt

Mein Kollege Felix hatte sich von seinem Schwager überreden lassen, bei ihm einen neuen Firmenprospekt in Auftrag zu geben. Der Schwager ist Grafiker und besitzt ein eigenes kleines Werbebüro. Da Felix selbst schon daran gedacht hatte, mal wieder etwas Neues in Sachen Eigenwerbung gestalten zu lassen, nahm er den Vorschlag des Schwagers an, obwohl ihm bewußt war, daß es mit ihm schon hier und da Meinungsverschiedenheiten gegeben hatte. Aber er wollte ja nicht „so sein", wollte der Verwandtschaft eine Chance geben. Und so erteilte er den Auftrag.

Die Differenzen ließen nicht lange auf sich warten. Felix gefiel der Entwurf, den ihm sein Schwager unterbreitete, überhaupt nicht, da er zum Teil falsche und überholte Informationen enthielt. Und je mehr der Grafiker „verbesserte", umso mehr verschlechterte sich in Felix' Augen das Gesamtbild des Prospekts. Als er nochmals genau festhielt, was er wollte und wie er es wollte, monierte sein Schwager, er habe bereits seine

Schuldigkeit getan, mehr Aufwand läge in der Pauschalofferte nicht drin.

Da war guter Rat teuer. Felix bedauerte seine Entscheidung, dem Verwandten den Auftrag erteilt zu haben. Ein neutraler Auftragsempfänger würde sich anders verhalten, professioneller, davon war er überzeugt. Aber den Auftrag zurückziehen konnte er nun auch nicht mehr, er hatte selbst schon viel Zeit investiert und zudem eine hohe Anzahlung geleistet, die bestimmt verloren wäre.

Nichts als Ärger und Streß also. Irgendwie fühlte er sich in der Falle. Wie konnte er da wieder herauskommen? Sie wissen bereits, was jetzt kommt.

Er beschloß, nicht weiter mit seinem Schwager zu streiten, sondern es mit der inneren Methode, der 3-Schritte-Technik, zu versuchen. Seine Formulierung hieß: „Ich habe ein Problem mit meinem Grafiker, und das kann sich ändern. Ich will, daß dieses Problem verschwindet!“ Er verankerte rituell, dann vergaß er die ganze Angelegenheit.

Einige Wochen später unterbreitete ihm sein Schwager einen modifizierten Entwurf, der nun alle Elemente korrekt so enthielt, wie Felix sie gewünscht hatte. Offenbar hatten sich die Differenzen, vielleicht auch die verwandtschaftlichen Spannungen aufgelöst, so daß doch noch eine für beide Seiten befriedigende Lösung möglich war.

Felix erkannte, daß die 3-Schritte-Technik bei ihm zu einem Loslassen des Ärgers und zu einer neuen Erwartungshaltung geführt hatte, die eine Lösung nun möglich machten. Zuvor hatte er nämlich, wie er erkannte, unbewußt „gewußt", daß er mit seinem Schwager nicht klarkommen würde.

Indem er in seinem Inneren eine Lösung zuließ, wurde diese auch im Außen möglich. Seine klare Absichtserklärung („Ich habe ein Problem, und das kann sich ändern. Ich will, daß das Problem verschwindet.") schaffte die Voraussetzung für klare Verhältnisse und für eine gute Lösung.

*„An einem erfinderischen Geist
ist überhaupt nichts auszusetzen.
Die Beeinflussung der Camouflage-Muster
der äußeren Realität
wird nicht nur erwartet,
sondern ist vielmehr gar erwünscht.“*

Seth

20 Befindlichkeiten verändern

Befindlichkeiten sind Schwankungen unterworfen. Wir fühlen uns mal himmelhoch jauchzend, mal zu Tode betrübt. Dazwischen gibt es unzählige Nuancen von Zuständen und Befindlichkeiten, die sich wie Jahreszeiten und Wetter permanent ändern und verschieben. Das ist gut so, macht es doch die Vielfalt und Farbigkeit unseres Lebens aus. Und mal ehrlich: Gibt es etwas Schlimmeres als den permanent aufgestellten Yuppie oder die ewig jammernde Tränendrüse? Emotionen werden bei uns zwar nicht besonders hochgeschätzt, in anderen Kulturkreisen wie zum Beispiel in Brasilien weiß man jedoch, daß sie das Salz und der Pfeffer in der Suppe des Lebens sind.

Befindlichkeiten sind noch mehr als das. Sie haben für uns oft Hintergrundcharakter, viele fühlen sich ihnen ausgeliefert und unterworfen. Dabei ist es mit ihnen genauso wie mit unseren Gedanken und Gefühlen: Wir **haben** Gedanken und Gefühle, aber wir **sind** nicht unsere Gedanken und Gefühle, genauso wenig wie unsere Befindlichkeiten. Was wir sind, ist schöpferisches Bewußtsein, und als solches können wir Gedanken, Gefühle und Befindlichkeiten jederzeit verändern. Es gibt nichts, was wir haben **müssen**, es gibt nichts, was wir denken oder fühlen **müssen**. In dieser Hinsicht sind wir vollkommen frei, und wir sind frei, alles jederzeit so zu verändern, wie wir es gerne möchten.

Renate war eben aufgewacht. Sie fühlte sich hundsmiserabel. Sie hatte nicht besonders gut geschlafen, jetzt lag sie wie gerädert und völlig kraftlos in ihren Kissen. Was war das bloß für ein Tag? Sollte sie überhaupt daran denken, aufzustehen und sich dem Tag zu stellen? Oder wäre es besser, sich einfach wieder umzudrehen und weiterzuschlafen?

Sie wußte es nicht. Im Grunde war sie so gut wie gar nicht in der Lage, einen klaren Gedanken zu fassen. Sie fühlte sich kränklich. Hatte sie etwa gar Fieber? War die Belastung der letzten Tage und Wochen vielleicht doch zuviel gewesen für sie? Brauchte sie eventuell eine Auszeit, eine Pause, nur für einen Tag oder so? Andererseits wartete gerade heute eine wichtige Arbeit auf sie. Aber – würde sie die unter diesen Umständen überhaupt zu ihrer Zufriedenheit bewältigen können?

All diese Gedanken quälten sich durch ihren schmerzenden Kopf, während sie noch völlig schlaff in den Federn lag. Schließlich ergab sich eine gewisse Ordnung dieser Gedanken. Sie war zwar müde, kränklich und erschlagen, aber wenn sie die anstehende Arbeit heute nicht erledigte, würde sich morgen doppelt so viel auf ihrem Schreibtisch stapeln, und das würde schließlich niemand anderen belasten außer sie selbst. Sie beschloß deshalb, die gegenwärtige Energie zu ihren Gunsten zu verändern.

Noch in der Horizontalen formulierte sie folgenden Gedanken: „Ich fühle mich kränklich, und das kann sich ändern. Ich will, daß dieses Problem verschwindet!“ Zu mehr war sie nicht in der Lage. Liegend klopfte sie sich auf Brustbein und Stirn, den Scheitel schenkte sie sich den Umständen entsprechend, dachte aber daran. Dann atmete sie über ihren Scheitel ein und durch ihre Füße aus, oder besser: Beim Einatmen lenkte sie die Aufmerksamkeit auf ihren Scheitelpunkt und beim Ausatmen auf ihre Zehen. Sie spürte gleich eine gewisse Entspannung. Jetzt waren ihre Lebenskräfte wieder gerichtet, sie wußten, in welche Richtung sie sich entfalten sollten. Nach ein paar Minuten spürte sie die Lebenskräfte zurückkommen. Sie erhob sich, nahm eine wohltuende Dusche und gönnte sich eine Tasse heißen Kaffee.

Später am Tag konnte sie sich kaum mehr daran erinnern, daß sie sich am Morgen so kränklich und lustlos gefühlt hatte. Sie hatte ihr Arbeitspensum im Nu erledigt und sogar noch mehr. Sie war voller Kraft und Tatendrang, so daß sie abends mit Freunden ausging und erst spät wieder ins Bett kam, dasselbe Bett, das sie am Morgen erst fast nicht hatte verlassen können.

Was genau war geschehen? Eigentlich nicht viel, außer daß sie ihrem KU, ihrem Körper- und Unterbewußtsein, klare Anweisungen gegeben hatte, die dieses dann umgehend befolgte.

Unser KU **braucht** klare Anweisungen, welchen körperlichen Zustand und welche Befindlichkeit es ausführen oder herbeiführen soll. Wenn es diese Anweisungen nicht bekommt, wird es etwas bewerkstelligen, von dem es glaubt, daß es den Umständen entspricht. Vielleicht **glaubt** es, wir müßten nach einer langen Nacht Kopfschmerzen haben. Oder es **glaubt**, daß wir nach einem Tag voller Arbeit müde sein müßten.

Oder gar, daß wir nach einer großen Anstrengung – seelisch oder körperlich – einen Zusammenbruch haben müßten. Klare Anweisungen **jetzt** ersetzen diese möglichen Überzeugungen und schaffen so die erwünschte Befindlichkeit.

Wenn Sie hier widersprechen, dann glauben Sie selbst, daß Sie nach viel Arbeit müde und nach einer langen Nacht erschlagen sein müßten, und sind aufgefordert, diese Überzeugungen bei Bedarf zu verändern.

Die Tendenz unseres KU geht immer hin zu unserem Besten, zu Gesundheit und Wohlbefinden. Unsere Körperkräfte arbeiten stets dahin, daß es uns gut geht, es sei denn, sie müssen andere Programme ausführen, die dieser natürlichen Tendenz widersprechen. Sich selbst überlassen wird sich der Körper immer von allein heilen und regenerieren, wie er dies auch bei Tieren, beispielsweise bei Katzen, ganz natürlich tut. Aus diesem Grund genügt es vollkommen, das Problem zu beseitigen. („Ich fühle mich kränklich, und das kann sich ändern. Ich will, daß dieses Problem verschwindet!") Der Rest ist dann Sache des KU, und dieses weiß, wie Gesundheit aussieht. Es weiß es noch besser, als wir uns dies in unseren bewußten Gedanken ausmalen können.

Übernehmen Sie also ab heute die Verantwortung für Ihr Befinden! Seien Sie so kraftvoll, glücklich und liebenswert, wie Sie nur möchten. Fordern Sie Ihr KU auf, all dies zu Ihrer Zufriedenheit zu bewerkstelligen und zu manifestieren.

21 Besser sehen

An einem Samstagnachmittag hatte ich ein paar Freunde und Bekannte in die 3-Schritte-Technik eingeweiht und etwas von der ihr zugrundeliegenden schamanischen Philosophie erzählt. Ich hatte im Raum ein Flip-chart aufgebaut, um ein paar Skizzen machen zu können und die wichtigsten Sätze und Übungsschritte aufzuschreiben.

Natürlich machten wir so viele praktische Übungen wie möglich, und da einige der Anwesenden Brillenträger waren, schlug ich vor, eine Übung für die Augen durchzuführen. Diese sei für alle von Nutzen, sagte ich, schaden würde sie bestimmt keinem.

Ich schlug folgende allgemeine Formulierungen vor:

- „Möglicherweise ist eine Spannung in meinen Augen, und das kann sich ändern. Ich will, daß diese Spannung verschwindet."
- „Möglicherweise gibt es etwas, was meine Augen nicht sehen wollen oder dürfen, und das kann sich ändern. Ich will, daß dieses Problem verschwindet."

- „Eventuell ist da ein Nebel oder Schleier vor meinen Augen, und das kann sich ändern. Ich will, daß dieser Nebelschleier verschwindet.“
- „Es kann sein, daß meine Sicht etwas getrübt ist, und das kann sich ändern. Ich will, daß dieses Problem verschwindet.“
- „Meine Augen sind vielleicht müde, und das kann sich ändern. Ich will, daß dieses Problem verschwindet.“

Ich schreibe hier all diese Formulierungsvarianten auf um zu zeigen, von wievielen Seiten man ein Problem betrachten und angehen kann. Falls ein erster Ansatz keine Wirkung zeigt, können wir das Problem von einer anderen Seite angehen. Dabei sind Phantasie, Einfühlungsvermögen und Einfallsreichtum von Vorteil.

Wir machten also ein paar von diesen Formulierungsübungen und dazu jeweils ein Verankerungsritual gemeinsam in der Gruppe, dann fuhr ich mit den Instruktionen fort.

Plötzlich meldete sich Marianne, eine bald 80jährige Dame, zu Wort und sagte: „Jetzt kann ich plötzlich lesen, was du da an das Flip-chart schreibst. Vorher konnte ich das nicht, ich konnte kein Wort entziffern.“

Serge King sagt, Spannung sei die Ursache für Behinderungen der Lebenskraft und des natürlichen Funktionierens im Körper. Sobald die Spannung gelöst ist, funktioniert der Körper wieder normal, unbehindert und frei. Der Körper selbst hat die natürliche Tendenz, sich zu heilen und zu regenerieren. Wenn es uns also gelingt, die Spannung loszulassen – und wir tun dies, indem wir darauf fokussieren –, dann können wir alles lösen, was der Gesundheit im Wege steht. Wenn Sie nicht glauben, daß dies sein kann, werden Sie es wohl auch nicht versuchen. **Wenn** Sie es aber versuchen, werden Sie vielleicht ganz tolle Entdeckungen machen, so wie Marianne in unserem kleinen Kurs.

Oft glauben wir, Spannungen und Müdigkeit **müßten** sein, als logische Konsequenz auf Anstrengungen und Bemühungen. Oder wir glauben, daß die Augen mit dem Alter schlechter werden. Was immer es ist, Glaubenssätze sind stets nur Überzeugungen, verfestigte Gedanken, die wir jederzeit gründlich ändern können. Lassen Sie Ihre Spannungen täglich los, entspannen Sie und genießen Sie Leichtigkeit und Freiheit in Geist und Körper. Wir brauchen keinen Ballast mit uns herumzuschleppen, wir können leicht und frei durchs Leben gehen. Wir müssen es nur wollen und diesen Willen in die richtigen Bahnen lenken.

22 Das Entscheidungsgefecht

Martin ist ein begeisterter Degenfechter. Er hatte sich zwar relativ spät für diesen Sport entschieden, aber da er großen Spaß dabei hatte, war er ziemlich schnell auf ein beachtliches Niveau gekommen, er konnte es fast mit jedem in seinem Club aufnehmen.

Trotz allen technischen Könnens zeigte er in Gefechten immer wieder eine große Schwäche. Sein größter Gegner auf dem Platz war nämlich immer er selbst, besser gesagt, sein Ehrgeiz und der daraus resultierende Ärger, wenn er diesen Ehrgeiz nicht befriedigen konnte. Im Ärger ließ er sich zu Fehlern hinreißen, die er im Zustand der Gelassenheit nicht gemacht hätte.

Als nun ein für ihn wichtiges Turnier vor der Tür stand, fragte er mich, wie er seine Konzentration verbessern und seine Performance optimieren könne. Daraufhin machte ich ihn mit der 3-Schritte-Technik bekannt.

Am Turniertag war Martin gut drauf, locker ging er in ein Duell nach dem anderen, und schließlich stand er im Finale, zum ersten Mal in seinem Leben. Auch hierbei dominierte er seinen Gegner fast nach Belieben, schließlich führte er 14:10. Er wußte, mit dem nächsten Punkt konnte er das Turnier für sich entscheiden. Und da zeigte er Nerven. Er machte einen dummen Fehler und ließ den Gegner einen Punkt herankommen.

Während er sich noch über den dummen Fehler ärgerte, punktete sein Gegenüber gleich noch einmal. Martins Ärger über sich selbst nahm zu, und damit stiegen auch die Chancen des Konkurrenten. Schließlich stand es 14:14. Der nächste Punkt würde die Entscheidung bringen, so oder so.

Martin beantragte ein kurzes Time-out, er sammelte seine Gedanken. Jetzt erst dachte er wieder an die 3-Schritte-Technik. Er richtete seine Aufmerksamkeit auf das, was war. „Ich ärgere mich …“ Er wußte, so konnte er nicht gewinnen, und fügte hinzu: „…und das kann sich ändern. Ich will, daß dieses Problem verschwindet!“ Er atmete tief durch, jetzt war er wieder frei.

Zack – er machte den letzten Punkt! Und er freute sich riesig über seinen ersten Turniergewinn. Er wußte aber auch, daß es ihm vor allem gelungen war, seinen Ärger, den Feind im Inneren, zu besiegen. Damit erst war der Weg frei geworden für den Sieg in der Außenwelt des Sports.

23 Das Universum ist erfinderisch

Lösungen von Problemen können auf unendlich vielen Wegen erfolgen. Der Erfindungsreichtum des Universums ist dabei grenzenlos. Einmal verschwindet das Problem ganz einfach, es löst sich sozusagen in Luft auf. Ein andermal kommt die Lösung in Form eines Hinweises, einer Information, von der unser Verstand bisher keine Ahnung hatte. Und es gibt noch weitere Wege.

Dies ist einer der Hauptgründe, weshalb wir bei der 3-Schritte-Technik im dritten Schritt einfach das Problem verschwinden lassen wollen. Um die Kreativität des Universums nicht einzuschränken, geben wir keine Lösung vor. Wir lassen dem Universum, dem All-Bewußtsein sozusagen freie Hand. Dann wird es die am besten passende Lösung herbeiführen. Vielleicht auch die einzig realistische oder die pragmatischste. Vielleicht die einfachste.

Bestimmte Vorgaben kommen meist aus dem Verstand, viele gar aus dem Ego. Man hätte es gern auf eine bestimmte Weise. Wenn das Universum freie Hand hat, muß es sich nicht wegen des Eigenwillens des Egos verbiegen.

Gute Freunde von uns haben seit einigen Jahren ein Pflegekind in ihrer Obhut, das aus eher schwierigen familiären Verhältnissen stammt. Als das Mädchen eingeschult wurde, zeigten sich immer wieder Schwierigkeiten, vor allem im sozialen Kontakt mit anderen. Diese wirkten sich bald auch auf die Schulleistungen aus, so daß sich die Lehrerin mit den Pflegeeltern in Verbindung setzte. Da das Mädchen zu Hause stets aufgeweckt und lernwillig war, standen diese vor einem Rätsel. Sie versuchten es mit Zureden, hielten ein Auge auf die Hausaufgaben, doch alles Bestreben fruchtete nichts. Als sich die Lehrerin erneut meldete, wandte sich der Pflegevater an mich.

In einem kurzen Gespräch führte ich ihn in die 3-Schritte-Technik ein. Dann wendeten wir gemeinsam die Übung an: „Alicia hat Schulschwierigkeiten, und das kann sich ändern. Wir beide wollen, daß dieses Problem verschwindet."

Und wie sah jetzt in diesem Fall die Lösung aus? Nein, das Problem verschwand nicht einfach. Aber ein paar Tage nach unserer Übung hörte die Pflegemutter von einer Kinesiologin, die ganz in ihrer Nähe wohnte. Man sagte ihr, diese könne dem Mädchen eventuell helfen. Und so war es auch. Schon mit einer einzigen Sitzung besserten sich die Schulschwierigkeiten markant, das Mädchen zeigte mehr Selbstvertrauen, kommunizierte frisch von der Leber weg, was ihren sozialen Kontakt und Status erheblich verbesserte.

Doch inzwischen drohte neues Ungemach. Als Alicias leibliche Mutter von dieser Therapie erfuhr, legte sie ihr Veto ein, da sich so etwas mit ihrer Zugehörigkeit zu einer religiösen Gruppierung nicht vereinbaren ließ.

Aber auch dieser Widerstand löste sich auf, nachdem die entsprechende Absicht besprochen worden war. So konnte dem Mädchen gut geholfen werden.

Wie gesagt, das Universum kann sich aller Lösungswege bedienen, auch solcher, die wir uns im Moment nicht vorstellen können. Und darauf sollten wir setzen!

*„Jage nicht nach dem Unmöglichen.
Aber kümmere dich um das,
was möglich ist.“*

Osho

24 Den Alltag erleichtern

Veränderungen Ihrer Realität können dramatische Folgen haben und Ihr Leben retten, sie können aber auch ganz einfach Ihren Alltag erleichtern. Und diese Kleinigkeiten im Alltag sind es vor allem, bei denen ich Sie ermutigen möchte, die schöpferische Kraft Ihrer Absicht, Ihres Bewußtseins-Fokus anzuwenden und auszuprobieren.

Man sagt, die längste Reise beginne mit dem ersten Schritt. Ein Schritt ist ein Schritt, ein Schritt hin zu Ihrem Ziel, ein Schritt in die richtige Richtung.

Beginnen Sie die Reise hin zum Beherrschen Ihrer schöpferischen Kraft heute, indem Sie irgendeine Kleinigkeit in Ihrem Leben zu Ihren Gunsten verändern. Mit jedem Aha-Erlebnis, mit jedem Erfolg wächst Ihre Glaubensfähigkeit. Und mit zunehmender Glaubensfähigkeit werden Sie sich an größere Aufgaben heranmachen, Sie werden sich mehr zutrauen und mehr wagen.

Am Anfang kommen Sie vielleicht gar nicht auf die Idee, Dinge und Umstände in Ihrem Leben zu verändern. Spielerisch gelingt dann das eine oder andere, und so kommt eins zum anderen, bis Ihre Glaubensfähigkeit tatsächlich keine Grenzen mehr kennt.

Ich muß gestehen, daß ich bei vielen Dingen keinerlei Bedenken habe und weiß, daß ich sie sofort verändern kann. In anderen Fällen gelingt es mir noch nicht so ganz, mich selbst, mein KU, zu überzeugen, daß es möglich ist. Aber täglich übe auch ich mich darin, eben diese meine Grenzen der Glaubensfähigkeit zu erweitern, um mir noch mehr zuzutrauen.

Denken Sie daran, wann immer Sie etwas zu verändern trachten, beinhaltet dies schon die Möglichkeit, daß Sie an Ihren Erfolg glauben. Sie glauben, daß die Realität auch eine andere sein kann. Und Sie wollen, daß es so ist. Je mehr Sie das tun, um so mehr Autorität gewinnen Sie. Ihr KU lernt, auf Sie zu hören und dem Gesagten zu entsprechen. Autorität ist das Maß des Erfolgs. Je mehr Autorität Ihrer Absicht, Ihrem Bewußtseinsfokus zukommt, um so größer sind Ihre Erfolgsaussichten. Und Autorität beruht auf Referenzerlebnissen, bei denen Sie gelernt haben, Erfolg zu haben, so daß Sie nun überzeugt sind, daß Sie auch in anderen Dingen Erfolg haben können.

Hier sind zwei kleine Beispiele, die zeigen, wie man sich den Alltag erleichtern und damit gleichzeitig die Glaubensfähigkeit in die eigenen schöpferischen Möglichkeiten erweitern kann:

Ich war in Eile und unter Druck und mußte dringend einen wichtigen Anruf erledigen, bevor ich mich einem Kunden zuwenden und nicht mehr gestört werden wollte. Doch wie es oft so in solchen Fällen ist, war die angewählte Nummer besetzt. Ich versuchte es erneut, dann noch einmal, und immer ertönte das Besetztzeichen. Länger konnte ich wirklich nicht warten. Ich wollte schon anfangen zu fluchen über Ämter, Beamte und so, als ich mich eines Besseren besann und die 3-Schritte-Technik anwendete. „Die Nummer ist besetzt, und das kann sich ändern. Ich will, daß dieses Problem verschwindet."

Dann wählte ich erneut und wurde gleich mit einer freundlichen Stimme verbunden. Die Person am anderen Ende der Leitung hörte sich mein Anliegen geduldig an und beantwortete alle Fragen prompt und kompetent.

Sie müssen wissen, daß ich von Haus aus eher ein Pessimist und Schwarzseher war, und für einen solchen sind derartige neue Erfahrungen richtige Offenbarungen!

Der Teilnehmer eines meiner Kurzseminare hatte sich ziemlich skeptisch gezeigt über die 3-Schritte-Technik, doch in der darauffolgenden Nacht wurde er plötzlich wach. Geschäftliche Sorgen gingen ihm durch den Kopf. Da erinnerte er sich an das zuvor Gelernte und dachte bei sich: „Ich kann nicht mehr einschlafen, und das kann sich ändern. Ich will, daß dieses Problem verschwindet.“ Mental vollzog er auch das Verankerungsritual, dann drehte er sich auf die Seite, und prompt war er wieder eingeschlafen, wie sich am Morgen erst herausstellte. Seine Skepsis war damit auch ein Stück verschwunden.

Am besten hätte er diese auch gleich in seine Übung miteinbezogen: „Was die neue Methode anbetrifft, bin ich eher skeptisch, und das kann sich ändern. Ich will, daß dieses Problem verschwindet. Endgültig verschwindet!“

25 Den Fokus halten

Es war ein Feiertag im Herbst und Prachtwetter. Wir hatten unsere Rucksäcke gepackt mit allem, was es für ein richtiges Picknick braucht: etwas Feines zum Grillen, Salate, Wein, Decken, Lektüre, etwas zum Rauchen, kurz: das volle Programm. Wir waren unterwegs zu einem kleinen Kamm am Alpenrand, einem meiner Lieblingsplätze in der Umgebung, von wo aus man ein weites Panorama bewundern kann. Dort oben sind fünf wunderbare Picknick-Plätze, fest installiert mit Feuerstelle, Tisch und Bänken.

Ich hatte einen Platz „bestellt“ und war deshalb sehr erstaunt, daß bei unserer Ankunft bereits alle Plätze belegt waren. Das brachte mich kurz aus dem Konzept, ich war etwas irritiert.

Wir setzten uns also auf die abschüssige Wiese an der Südseite des Kammes, nahe bei meinem Lieblingsplatz, um zu warten. Als erstes sandte ich dem Paar, das diesen Platz belegte, ein Gedankentelegramm mit folgendem Inhalt: „Durst und Hunger.“ Ich versuchte, sie damit zum Abstieg zum weiter unten gelegenen Restaurant zu bewegen und „unseren“ Platz freizugeben.

Kurz nach meinen Gedanken griff die Frau zu einem Glas, das auf dem Tisch stand – den ich wegen ein paar Büschen nicht sehen konnte – und trank daraus. Mein Durst-Telegramm war offensichtlich angekommen, doch die Leute waren gut ausgerüstet, sie konnten den ganzen Tag hier oben verbringen, sie waren mit allem versorgt. Ich mußte also meine Strategie ändern.

Also beschloß ich, mein übliches Ritual durchzuführen. Ich brachte meine Hände in Position, um dem Unterbewußtsein zu signalisieren, daß jetzt eine wichtige Ansage kommt. Dann begann ich, wie immer, mit „dem, was ist": „Alle Picknick-Plätze sind belegt. Und das kann sich ändern! Ich will, daß dieses Problem verschwindet!"

Ich machte meine Übung zwei, drei Mal, entspannte dann ins hohe Gras, im Wissen, daß sich bald eine Lösung zeigen würde.

Und tatsächlich: Wenige Minuten später begannen die Leute beim höchstgelegenen Tisch plötzlich zu packen und wegzugehen. Also griffen auch wir unsere Rucksäcke, um die vielleicht hundert Meter hochzusteigen und den Platz in Besitz zu nehmen. Noch bevor wir hier anlangten, begann auch die Gesellschaft bei dem ganz links gelegenen Platz zu packen, so daß wir sogar auswählen konnten, wohin wir uns setzen und wo wir grillen wollten.

Wir entschieden uns für den von prächtigen Bäumen umstandenen Platz ganz links, wo wir einen wunderbaren Tag bis spät in die Nacht hinein verbrachten.

Der Platz, den ich ursprünglich gewählt oder bestellt hatte, wurde übrigens erst am späteren Abend frei. Was meines Erachtens zeigt, daß man besser fährt, wenn man dem Universum keine begrenzten Vorgaben zur Erfüllung der Wünsche gibt, sondern flexibel und offen bleibt.

Vielleicht ist ja das Beste, oder auch das im Moment Machbare, gar nicht das, was wir uns zuvor ausgemalt haben, sondern etwas anderes. Wichtig ist ja stets, daß sich die Essenz unseres Wunsches erfüllt, hier war es das Picknick an einem wunderbaren Platz auf diesem schön gelegenen Voralpenkamm.

Ich war sehr stolz über diesen Streich, die persönliche Realität zu verändern, und nahm die Geschichte in mein Repertoire auf, um sie beim nächsten Seminar als Beispiel zum Besten zu geben. Zu meinem Erstaunen reagierten nicht wenige Teilnehmer negativ auf diese Geschichte. Natürlich wunderte ich mich, was hinter dieser skeptischen Haltung steckte.

Es zeigte sich, daß viele Menschen Hemmungen haben, etwas zu ihren Gunsten zu ändern. Sie nehmen das, was gerade ist, als so gewollt (wenn ja, von wem?), als gegeben, als feste Größe, die es nicht zu verändern gilt.

NICHTS im Leben ist eine feste Größe, nichts bleibt bestehen. Alles ändert sich. Alles ändert sich also sowieso. Warum also nicht zu unseren Gunsten?

Jetzt sagen Sie vielleicht: Wo kämen wir denn da hin? Und: Da könnte ja jeder kommen!

Tatsache ist: Es kommt ohnehin jeder, denn jeder wirkt mit seinen Gedanken und Gefühlen am Gewebe dieser Welt, und jeder kommt dahin, so seiner ganz persönlichen Realität zu begegnen. Nicht mehr und nicht weniger. So einfach ist das.

Im übrigen bin ich überzeugt, daß wir niemandem unsere Gedanken aufzwingen können, der dies nicht bereitwillig zuläßt. Und wenn nun jemand in bezug auf sich selbst und seine Unternehmungen keinen klaren Fokus hat, kann es natürlich leicht sein, daß jemand diesen Fokus okkupiert. Dies ist beispielsweise die Aufgabe der Werbung: jemandem, der nicht genau weiß, was er will, den Kauf von etwas Bestimmtem zu suggerieren.

Freie Denkkapazitäten werden grundsätzlich anderweitig belegt, es bleibt kein Vakuum. Und so nehmen Ihnen andere gern den Job ab, für Sie zu denken – zu deren Gunsten, notabene, nicht zu den Ihren.

Machen Sie sich also kein schlechtes Gewissen mehr, wenn Sie beginnen, zu Ihren eigenen Gunsten und zu Ihrem eigenen Nutzen zu denken. Seien Sie in dieser Hinsicht Ihr eigener Herr und Meister, oder Ihre eigene Herrin und Meisterin! Sie können vieles delegieren, aber keinesfalls Ihr Denken, das sollten Sie besser nicht tun.

Halten Sie also Ihren Fokus auf dem, was Sie wollen, und Sie werden es bekommen, das ist die Moral aus dieser Geschichte.

26 Der Parkplatz

Einen freien Parkplatz zu bestellen gehört mittlerweile zum esoterischen Standardwissen, zum „State of the Art“ sozusagen. Prof. Kurt Tepperwein war meines Wissens der erste, der uns vor über zwanzig Jahren beigebracht hat, wie man überall und zu jeder Zeit einen freien Parkplatz bekommt.

Inzwischen habe ich per Dauerauftrag überall, wo ich hinfahre, einen freien Parkplatz. Wenn ich manchmal zweifle – ich bin ja auch nur ein Mensch –, weil es irgendwo proppenvoll ist, dann lohnt es sich allerdings, extra noch mal einen zu bestellen! Man muß dem Zweifel sofort etwas entgegensetzen, man muß sofort den Glauben bekräftigen.

Auch in dieser Hinsicht habe ich mit Erfolg die 3-Schritte-Technik eingebunden, und gerade in sehr anspruchsvollen Situationen gute Erfahrungen damit gemacht, einfach weil es die Bedenken meines KU mit einbindet.

So wollte ich vor kurzem zu einem Leichtathletik-Meeting nach Zürich, und zwar zur Prime Time für die Finale, natürlich mit dem Auto.

Obwohl die Zuschauer angehalten waren, mit öffentlichen Verkehrsmitteln anzureisen, gab es unter den über 20.000 Besuchern bestimmt genügend Uneinsichtige, die mit dem Auto anreisten und die Parkplätze füllten.

Als einer dieser Uneinsichtigen fuhr ich kurz vor acht Uhr abends mit meinem Auto direkt vor das Letzigrund-Stadion. Natürlich waren da Massen von Menschen und Autos. Sicherheitshalber hatte ich mich mit der 3-Schritte-Technik auf den Anlaß eingestellt: „Es könnte sein, daß bei meiner Ankunft alle Parkplätze belegt sind, **und das kann sich ändern.** Ich will, daß dieses Problem verschwindet."

Damit hatte ich potentielle Ängste und Bedenken elegant in die Lösung miteingebunden. Dies ist wichtig, um die eigenen inneren Energien zu bündeln und speziell auf eine Lösung einzuschwören. Ich wollte schließlich nichts dem Zufall überlassen.

Als ich nun ein paar Meter vor dem Haupteingang war, fuhr gerade ein Servicewagen einer Elektrofirma von seinem Parkplatz weg und überließ mir seine Lücke. Noch näher hätte man überhaupt nicht parken können. Mit wenigen Schritten war ich auf der Haupttribüne auf meinem Platz, gerade rechtzeitig für eine spannende Finalserie.

27 Ein neues Lebensgefühl

Wie wir im Leben stehen, ist uns oft gar nicht so sehr bewußt. Unser Leben ist nun einmal so, wie es ist – basta. Wir haben unsere Gedanken und Gefühle, unsere Lebensumstände, mit denen wir nun mal klarkommen müssen.

Diese Annahme ist auf jeden Fall richtig. Doch weil so viele von uns eben diese Umstände als (gott-) gegeben annehmen, trauen sie sich nicht zu, sie zu verändern. Sie verstehen unter „klarkommen" hinnehmen, akzeptieren und damit umgehen. Und dann leben sie einfach damit.

Hinnehmen, akzeptieren und damit umgehen sind aber nichts anderes als die drei Schritte der 3-Schritte-Technik. Hinnehmen bedeutet, das anzunehmen, was jetzt ist. Akzeptieren bedeutet zu akzeptieren, daß es auch eine andere Möglichkeit der Erfahrung gibt außer der bestehenden. Und damit umgehen bedeutet nichts anderes, als das Gegebene, die vorliegende Erfahrungsrealität zu seinen eigenen Gunsten zu verändern. Genauso, wie es Melanie gemacht hat:

Sie hatte Kontakt mit mir aufgenommen, weil sie sich im Leben nicht richtig zurechtfand. Jeden

Morgen beim Aufstehen empfand sie ein gewisses seelisches Unwohlsein, eine Art Angst vor dem kommenden Tag. Es war ein diffuses Gefühl von Sorgen und Bedenken, ob sie diesen Tag wohl schaffen würde. Und am nächsten Tag war es genauso und am übernächsten auch.

Woher das kam, wußte sie nicht. Schon immer war sie eher eine nachdenkliche, bedächtige Person gewesen, eher in sich gekehrt und still. Nun hatte sie einen neuen Job, und so drohte ihr das Ganze über den Kopf zu wachsen. Aber so war sie wenigstens auf dieses Gefühl einer gewissen Grundangst gestoßen.

Ich war sehr froh darüber, daß sie dies so klar benennen konnte, denn wenn wir wissen, wo uns der Schuh drückt, dann können wir genau an dieser Stelle ansetzen. Und das taten wir dann auch.

Melanies Formulierung war ganz einfach: „Ich habe eine gewisse Angst dem Leben gegenüber…, und das kann sich ändern! Ich will, daß dieses Problem verschwindet.“

Wir sprachen die Formulierung zwei- bis dreimal und verankerten sie rituell. Ich riet ihr, die Übung bei Bedarf, vor allem nach dem Aufwachen, zu wiederholen, und verabschiedete sie.

Nach einigen Wochen erhielt ich einen wunderbaren Brief, in dem sie schrieb, daß ihre morgendliche Angst, ihr seelisches Unwohlsein komplett verschwunden sei. In wunderbaren Farben beschrieb sie, wie sie nun ihr Leben liebe. Sie habe sich luxuriöse rote Schuhe gekauft und andere tolle Sachen, was für das graue Mäuschen, das sie vorher war, undenkbar gewesen wäre. Der Brief sprühte förmlich vor Lebenslust und Sommerlaune – und steckte mich völlig an. Ich wollte mir unbedingt am gleichen Tag noch etwas Schönes zum Anziehen kaufen!

Mit einer einfachen Rochade war es Melanie gelungen, ihr Lebenshintergrundgefühl auszutauschen, und dadurch war sie zu einem neuen Menschen geworden. Warum auch in Angst oder Mißstand leben, wenn so viel mehr möglich ist?!

Machen Sie sich bewußt, daß unser KU, das Körper- und Unterbewußtsein, in dem unsere Gefühle gespeichert sind, ein Lebenshintergrundgefühl solange aufrechterhalten kann, bis ihm etwas anderes beigebracht oder „eingetrichtert" wird. Wir glauben dann, **wir** seien so (gelernt ist gelernt), dabei ist es nur ein Gefühl, das jederzeit geändert werden kann.

Viele Menschen, die in seelischem, psychischem oder materiellem Elend leben, oder die in ihrem Leben keinen Erfolg haben, leiden unter einer **Fokusangst**. Sie haben Angst, ihr Bewußtsein und ihre Kraft auf etwas anderes zu fokussieren als auf das, was sie in ihrem Leben gerade vorfinden. Sie haben vielleicht Angst, das gemütliche Elend zu verlassen und sich den Herausforderungen des Lebens zu stellen. Oder sie haben Angst, Liebe und Aufmerksamkeit zu verlieren, vielleicht von ihren Eltern oder anderen geliebten Personen, wenn sie sich für einen eigenen Weg oder eigenes Glück entscheiden würden. Vielleicht haben sie Angst vor dem eigenen Erfolg, der eigenen Macht und Kraft, der eigenen Größe.

Vielleicht wollen sie Gott nicht versuchen – was immer das heißt. Vielleicht wollen sie einfach nicht versuchen, selbst Schöpfer zu sein und das eigene Schicksal selbst zu gestalten.

Was immer es ist, diese Angst vor dem Fokus, zu wissen, was ich wirklich zutiefst will, und dafür die schöpferische Verantwortung zu übernehmen, ist für viele **der** Knackpunkt im Leben. Und, wie der Name schon sagt: Das ist der Punkt, den es zu knacken gilt! Entweder wir knacken ihn, oder er knackt uns. Nichts mehr und nichts weniger.

Nicht zu wissen, was man will, bedeutet, sich selbst zu verstecken, die Lebensführung anderen zu überlassen, irgendwelchen Umständen vielleicht. „Denn sie wissen nicht, was sie tun …“

Wir haben in Jahrhunderten falscher, vermeintlich christlicher Erziehung gelernt, unser Licht unter den Scheffel zu stellen, unsere schöpferische Kraft und unser himmlisches Erbe zu verleugnen. Wir haben gelernt, das Leben von außen nach innen zu betrachten, anstatt von innen nach außen. Aber „Alle Kraft kommt von innen“, aus dem eigenen Bewußtsein, das ein Tropfen, ein ungetrennter Teil im Meer des All-Bewußtseins ist. Das eigene Bewußtsein, vielmehr der Fokus des eigenen Bewußtseins, lenkt die schöpferischen Energien des Universums, so oder so. Sie können damit Verstecken spielen oder ein wunderbares Leben gestalten, ganz wie Sie wollen. Sie haben den freien Willen zu tun und zu lassen, was immer Sie tun oder lassen wollen.

Nehmen Sie Ihr Erbe heute noch in Besitz. Trauen Sie sich, ein Leben gemäß Ihren Vorstellungen zu leben, und ändern Sie alles zu Ihren Gunsten, was Ihnen heute noch nicht entspricht.

Ich liebe Sie.

28 Es gibt keine Grenzen

Ich erhielt einen Anruf von einer Studentin, die ganz verzweifelt um Rat suchte. Sie war gerade dabei, an der Technischen Hochschule in Zürich ihre Diplomarbeit zu schreiben. Wie jede Diplomandin hatte sie einen Mentor zur Seite, der sie durch dieses schwierige, weil äußerst anspruchsvolle Unterfangen führen sollte. Und hier lag das Problem. Irgendwie kam sie mit diesem Herrn nicht zurecht, erhielt nicht die erwartete Führung und Unterstützung. Nun hatte er gar seine Knie beschädigt, und so war er für sie vorübergehend gar nicht mehr erreichbar.

Belma, so hieß die junge Frau, war verzweifelt, fand sich forschungsmäßig in einer Sackgasse, und der Abgabetermin für ihre Arbeit rückte näher und näher. Was konnte sie tun, was sollte geschehen?

Ich hörte ein paar Minuten ihrem Jammern und Lamentieren zu, unterbrach sie dann mit der Feststellung:

„Du hast also ein Problem mit deinem Betreuer."

„So ist es."

„Und das kann sich ändern, weißt du das? Alles kann sich ändern.“

„Ok.“

„Wir wollen also beide, daß dieses Problem verschwindet.“

„Genau!“

„Dann sprich mir nach: Ich habe ein Problem mit meinem Betreuer, und das kann sich ändern. Ich will, daß dieses Problem verschwindet!“

Am Telefon instruierte ich sie, eine rituelle Handlung vorzunehmen, um diese Aussage in ihrem Unterbewußtsein zu verankern. Und ich sagte ihr, daß sie diese Aussage auf Wunsch ein paar Mal wiederholen könne, mit der dazugehörigen Verankerung selbstverständlich.

Das war alles, ich legte den Hörer auf.

Für ein paar Tage habe ich nichts mehr von ihr gehört. Schließlich rief sie an, um zu berichten, was weiter passiert war. Ihr Betreuer, der Assistent des Professors, hatte sie kurz nach unserem Gespräch angerufen, um mit ihr einen Besprechungstermin zu vereinbaren. Bei dieser Besprechung dann erklärte er ihr alles zu ihrer vollsten Zufriedenheit: das weitere Vorgehen, den Weg aus der Sackgasse, was immer sie wollte. Er sei wie ein „umgekehrter Handschuh“ gewesen, sie hätte nur so gestaunt.

Alles hatte sich ganz einfach nach Wunsch entwickelt.

Was war passiert?

Es gibt keine Grenzen für unsere Gedanken und ihre Wirkung. Es gibt keinen Punkt in diesem Universum und in allen Universen, den sie nicht erreichen könnten. Die Grenzen sind einzig und allein in unserer Vorstellung, in dem, was wir uns zutrauen. Was wir uns nicht zutrauen, gehen wir nicht an; was wir nicht angehen, kann uns nicht gelingen.

Das Huna-Wissen der Hawaiianer sagt uns, daß unser Kontakt mit dem Universum und mit anderen Menschen über unser Unterbewußtsein läuft, welches dann seinerseits den Kontakt mit dem Überbewußtsein herstellt, das selbst mit dem Großen Ganzen verbunden ist. Die Feststellung, daß da ein Problem ist (mit dem Professor), ist ganz wichtig. Das, was da ist, ist ja schon da, wir können es nicht ungeschehen machen. Es ist da. Indem wir anerkennen, was ist, machen wir den Weg frei für eine Änderung. Ohne diese Anerkennung werden wir die Kooperation des Unterbewußtseins nicht erreichen.

Wenn wir nur „positiv denken" und sagen: „Das wird sich schon geben" oder so, dann wird das

Unterbewußtsein antworten: „Aber ich weiß, daß es ein Problem gibt. Du verstehst mich nicht." Und es wird sich zurückziehen in dem Gefühl, daß ihr beide nicht die gleiche Sprache sprecht.

Stellen Sie sich vor, ein Kind, das sich gestoßen hat, kommt zu Ihnen und sagt: „Au, das tut weh", und Sie antworten: „Nein, das macht gar nichts." Wird das Kind Ihnen dann vertrauen? Wird es das Gefühl haben, von Ihnen verstanden zu werden? Wird es bereit sein, bedingungslos mit Ihnen zu kooperieren? Bestimmt nicht!

Genau dies – blindes Vertrauen und bedingungslose Kooperation – erwarten wir aber von unserem Unterbewußtsein. Diese sind jedenfalls die Voraussetzung, wenn wir die „Wunder des Lebens" wirklich erfahren wollen.

Indem wir anerkennen, daß da ein Problem ist, holen wir das Unterbewußtsein genau da ab, wo es ist. In der Gegenwart. Und nur hier können wir wirklich etwas verändern.

Viele Menschen haben fast panische Angst vor Problemen. In vielen Unternehmen geilt man sich richtig auf, von Lösungen zu sprechen. Es ist schon tabu, das Wort „Problem" in den Mund zu nehmen, etwa so, als ob man vom Teufel sprechen würde. Und indem man davon spricht, beschwört man es herauf, nicht?

Im Grunde ist doch so ein Hinweis ein Riesengeschenk. Absolut notwendig, damit wir unsere Schlüsse ziehen und die Realität in unserem Sinne gestalten können. Und so sage ich – und ich bin damit nicht allein: Probleme sind unsere Freunde, die guten Geister, die uns auf etwas hinweisen, das wir verändern können und vielleicht sollen. Sie sind Zeichen, Auspizien, Mitteilungen, Hinweise, wichtige Wegweiser. Sollten wir diese wirklich ignorieren?

Meine Probleme sagen mir, wo ich etwas verändern soll. Sie teilen mir mit, wo ich meinen schöpferischen Geist einsetzen kann, um ein gewünschtes Resultat, eine günstige Realität zu schaffen. Ich muß nicht suchen, muß mir nicht den Kopf zerbrechen. Die Probleme fliegen mir zu mit ihrer Botschaft, wie Engel auch.

Packen wir es also an, es gibt viel zu tun!

29 Geräusch im Ohr

Selina ist Sekundarlehrerin mit Leib und Seele. Trotzdem kommt sie manchmal an die Grenzen ihrer Leistungsfähigkeit und Belastbarkeit. In einer solch intensiven Phase kurz vor den Ferien bemerkte sie plötzlich ein Geräusch in ihrem rechten Ohr, das auch vorhanden war, wenn die Schule längst vorüber und die lärmigen Jugendlichen auf dem Heimweg waren.

Selina erschrak. Wiederholt schon hatte sie erleben müssen, wie eine Kollegin oder ein Kollege aus dem Lehrkörper Tinnitus entwickelt hatte, jenes unangenehme, unberechenbare Geräusch im Ohr, das den Betroffenen an den Rand des Wahnsinns treiben kann.

Wie gesagt, sie erschrak. War es jetzt bei ihr auch so weit, war sie über ihr erträgliches Maß gestresst und belastet, und somatisierte sie diesen Streß nun durch ein unangenehmes Krankheitssymptom? Sie wußte es nicht, alles, was sie wußte, war, daß sie gegensteuern mußte, bevor es zu spät war.

Hans-Peter kam ihr in den Sinn, ein Kollege, der kurz vor seiner Pensionierung Tinnitus entwickelt hatte. Er war den jungen Menschen nicht mehr gewachsen gewesen, hatte darum gebeten, ihn ein halbes Jahr früher in den Ruhestand zu entlassen. Die Schulleitung hatte dies abgelehnt, man wollte keine falschen Zeichen setzen. Hans-Peter nahm die Ablehnung stillschweigend zur Kenntnis, sein Unterbewußtsein wohl weniger. Denn bei einem Ausflug in die Berge zog er sich beim Ski-Fahren einen komplizierten Beinbruch zu, womit er für den Rest des Schuljahres vom Schulbetrieb suspendiert war.

So weit sollte es mit Selina nicht kommen, das wollte sie nicht. Sie beschloß, anderweitig mit dem Problem fertig zu werden. Sie erinnerte sich daran, gehört zu haben, daß Streß nicht von einem äußeren Ereignis abhängt, sondern davon, wie wir auf dieses Ereignis reagieren. Sie erkannte, daß sie auf den Schuldruck weiterhin mit Streß reagieren konnte, oder aber auch anders. Da sie die 3-Schritte-Technik kannte, beschloß sie, diese hier anzuwenden.

Sollte sie nun die Situation „besprechen" oder einfach nur das Symptom, das ja ein Ausdruck der Situation war? Sie entschloß sich zu Letzterem und formulierte für sich:

„Ich habe ein unangenehmes Geräusch im Ohr, und das kann sich ändern. Ich will, daß dieses

Problem verschwindet." Sie führte das Ritual zur Verankerung durch und fühlte sich anschließend gleich besser. Sie war jetzt bereit, sich anders zu fühlen, so wie sie es wirklich wollte.

Kurz darauf war vom unangenehmen Geräusch im Ohr nichts mehr zu spüren. Wann immer Selina spürte, daß sie wieder an den Rand einer ähnlichen Streßreaktion kam, wiederholte sie das Ritual von A bis Z. Wann immer ihr Unterbewußtsein in Gefahr kam, wieder Überlastung zu symptomatisieren, steuerte sie sogleich dagegen. Damit kam sie gut über die Runden, und das war es ja auch, was sie zutiefst wollte.

Nochmals: Wir **müssen keine** Symptome ertragen. Sie sind nichts als Hinweise, daß da etwas ist, was verändert werden will. Und nun wissen wir, daß es verändert werden **kann!**

30 Gewinnen ist geil

Ab und zu geh ich zum Billard. Ich bin beileibe nicht gut, aber es macht mir trotzdem ziemlichen Spaß. Und da auch meine Gegner und Mitspieler meinem Können angepaßt sind, gewinne ich etwa so oft wie ich verliere. Leben und leben lassen ist meine Devise. Doch manchmal, muß ich sagen, ist Gewinnen halt einfach geiler als Verlieren.

So war ich wieder einmal am Spielen, doch diesmal lief es miserabel. Wir waren schon eine ganze Weile dabei, und noch kein einziges Spiel hatte ich für mich entscheiden können. Auch diesmal war ich gehörig im Rückstand, und es sah schon so aus, als würde ich mit der Höchststrafe nach Hause gehen müssen. Natürlich gönnte ich meinem Spielpartner den Sieg, aber was zuviel war, war zuviel.

Während er gerade wieder eine Kugel versenkte, brachte ich hinter seinem Rücken meine Hände rituell zusammen und sprach in Gedanken: „Ich bin am Verlieren, **und das kann sich ändern.** Ich will, daß dieses Problem verschwindet."

Die nächste Kugel, die er anvisierte, blieb an der Ecke eines Mittellochs hängen und ging zurück ins Spiel. Nun war die Reihe an mir. Ich war zwar hoffnungslos im Rückstand, aber ich versenkte die erste Kugel, die ich anvisierte. Darauf die zweite, dann die dritte, und schließlich versenkte ich auch die schwarze korrekt ins angesagte Loch.

Meinem Spielpartner blieb die Spucke weg. Den ganzen Abend über hatte ich keinen solchen Lauf gehabt, ich hatte vielmehr überhaupt nichts gezeigt. Und jetzt das!

„Hast du irgendein Dopingmittel genommen oder was?“ wollte er wissen.

„Allerdings“, sagte ich nur, denn diesmal wollte ich mein Geheimnis nicht verraten. Ich wollte meinen Genuß für mich behalten. Es ist halt doch geil, zu gewinnen.

Scheißspiel .... und das kann sich ändern!

Gewinnen ist soooo geil!

31 In Not

Ich hatte einen wunderbaren Nachmittag in den Bergen verbracht, war auf einen einsamen Gipfel gestiegen und befand mich jetzt auf dem Abstieg durch einen lichten Bergwald. Die Dämmerung war bereits hereingebrochen, doch da ich den Weg kannte, hatte ich keine Mühe, mich zurechtzufinden. Ich flog richtiggehend dahin, glücklich und erfüllt von diesem Tag und meinem Tun.

Doch plötzlich hielt ich inne, erstarrte. Ein Insekt war offensichtlich in meinen geöffneten Mund geflogen und hatte mich in den Rachen gestochen. Nach wenigen Augenblicken spürte ich bereits leichte Beschwerden beim Luftholen, offenbar mußte der Stich nahe an der Luftröhre gesetzt worden sein. Ich überlegte kurz – innerhalb von Sekundenbruchteilen, wie in solchen Fällen üblich –, ob ich mit meinem Mobiltelefon hier oben überhaupt Empfang hätte und ob Hilfe rechtzeitig eintreffen würde…

Ich war allein unterwegs, Medikamente hatte ich keine dabei, in der Flasche befand sich noch ein letzter Schluck Wasser. Ich spürte, daß nicht viel Zeit blieb, und beschloß, es gleich mit einer

Realitätsveränderung zu versuchen. In einem Film hatte ich einmal gesehen, wie sich ein im Dschungel Verletzter rettete, indem er wiederholt bekräftigte: „Es ist nichts passiert, es ist nichts passiert.“ So war es ihm gelungen, die Erfahrung der Verletzung rückgängig zu machen.

Wenn ich einfach negierte, was passiert war, dachte ich, müßte sich auch meine Realität umkehren lassen. Ich formulierte also in Gedanken die drei Schritte:

„Ein Insekt hat mich in den Hals gestochen ...“

Ich spürte, wie es in meinem Hals eng wurde, und es begann mich fürchterlich zu würgen. Wie lange würde die Luftröhre noch offen bleiben? Ich hatte keine Zeit, in Schweiß auszubrechen, machte einfach weiter.

„ ...und das kann sich ändern. Ich will, daß dieses Problem verschwindet.“

Ich trank meinen letzten Schluck Wasser. Dann wiederholte ich diese Gedanken und Anweisungen, verbunden mit dem Verankerungsritual.

Mehr konnte ich nicht tun.

Ich ging weiter durch den Wald und den Berghang hinunter, bekräftigte noch ein paar Mal im Laufen: „Es ist nichts passiert! Es ist nichts passiert!“

Nach wenigen Metern spürte ich bereits, daß

sich mein Hals wieder öffnete, die Wirkung des Insektenstichs ließ offensichtlich nach. Aber ich hütete mich, meine Aufmerksamkeit weiter auf den Stich zu lenken. Ich hatte nur kurz „hingesehen“ und festgestellt, daß alles wieder auf dem Weg zur Normalität war. Das genügte. Denn schließlich sollte mein KU davon überzeugt sein, daß alles normal war, und Normalität als Erfahrung herstellen.

Als ich eine knappe Stunde später zu meinem Auto auf dem Parkplatz kam, war in meinem Hals keine Unregelmäßigkeit mehr zu verspüren. Mein Atem ging ruhig und fließend, ohne alle Probleme. Der Insektenstich war binnen Minuten neutralisiert worden – fast wie im Film.

32 Kleine Kinder erreichen

Mit unserer Absicht können wir nicht nur uns selbst erreichen, unsere Umgebung und unsere Welt, sondern in besonders direktem Maße auch andere Menschen. Besonders hilfreich ist dies bei kleinen Kindern, deren Verstand noch nicht genügend ausgebildet ist, damit sie auf Anweisungen unsererseits reagieren können.

Paula ist eine allein erziehende Mutter, die ihren zweijährigen Sohn Till über alles liebt. Leider hatte der Kleine nachts oft Atemschwierigkeiten. Sie hörte ihn manchmal in seinem Bettchen nach Luft schnappen, weshalb sie ihren Hausarzt konsultierte. Dieser stellte fest, Till habe Polypen in der Nase, daher kämen die nächtlichen Atemschwierigkeiten. Er müßte wohl zu gegebener Zeit operiert werden.

Niedergeschlagen machte sich Paula mit ihrem kleinen Sohn auf den Heimweg. In der folgenden Nacht traten die Atembeschwerden wieder auf. Da sie nichts anderes tun konnte, trat sie ans Bett des Kleinen, um es einmal mit der 3-Schritte-Technik zu versuchen, die sie selbst schon des öfteren erfolgreich angewendet hatte. Sie wußte nicht, ob sie Erfolg haben würde, sie versuchte es einfach und sprach:

„Till hat Atemprobleme, und das kann sich ändern. Ich will, daß dieses Problem verschwindet."

Nachdem sie dies ein paar Mal ausgesprochen und mit dem zugehörigen Ritual verankert hatte, hörte der Kleine plötzlich auf zu röcheln und nach Luft zu japsen. Sie beobachtete ihn noch eine ganze Weile. Sein Schlaf war nun gelöst, sein Atem ging ruhig und regelmäßig. Also ging auch Paula zu Bett, und die ganze Nacht hörte sie kein Röcheln und Luftschnappen mehr von ihrem kleinen Sohn.

Wie diese Geschichte weiterging, ob sich die Polypen wieder meldeten, weiß ich nicht. Wichtig ist mir hier zu zeigen, daß wir sofort etwas machen können, indem wir die Aufmerksamkeit auf das lenken, was wir wollen. Und indem wir das ändern, was jetzt ist, sind wir einer Heilung einen großen Schritt näher.

33 Körpersignale

Ich machte mit meiner Freundin Bettina einen Spaziergang am See. Wir hatten uns viel zu erzählen, und so setzten wir uns auf eine Bank in einem kleinen Park, der direkt am Wasser liegt. Wir sprachen über dies und jenes, sozusagen über Gott und die Welt. Schließlich beschlossen wir, weiterzugehen.

„Ich muß noch schnell zur Toilette", sagte ich zu ihr. „Ich rufe dich dann, wenn ich zurück bin."

Sie blieb auf der Bank sitzen, und als ich sie ein paar Minuten später rief, stand sie mit einer schnellen Drehung auf, um gleich darauf einen Schmerzensschrei auszustoßen und sich wieder hinzusetzen. Ihre rechte Wade krampfte sich zusammen, Bettina konnte kaum einen Schritt mehr gehen. Sie humpelte zurück und setzte sich wieder auf die Bank, ich mich zu ihr.

„Was ist los, was hast du gemacht?" fragte ich.

„Nichts. Ich bin schnell aufgestanden, und jetzt habe ich eine Art Zerrung in der rechten Wade."

„Sage mal zu dir selbst: Ich habe eine Art Zerrung in der rechten Wade, und das kann sich ändern. Ich will, daß dieses Problem verschwindet."

Sie schaute mich leicht mißmutig an. Statt Mitleid zu zeigen, gab ich ihr Anweisungen. Halbherzig und etwas widerwillig wiederholte sie die Sätze. Dann stand sie auf, brach aber gleich wieder ein. „Es geht nicht", sagte sie resigniert.

Jetzt war guter Rat teuer. Aus dem Nichts hatte sie sich eine Zerrung geholt. Sie begann zu jammern.

Aus vielen Jahren Erfahrung weiß ich, daß nichts von Nichts kommt. Es ist manchmal schwer zu glauben, und viele wollen es deshalb nicht wahrhaben, aber es ist ganz einfach so!

„Ich kann mir das gar nicht erklären", sagen die Betroffenen oft ratlos.

Oder: „Es gibt da keinen Zusammenhang und keine tiefere Bedeutung!"

Glauben Sie mir: Es gibt sie. Es gilt nur, sie zu finden. Und das braucht einiges, zum Beispiel:

- Die Aufmerksamkeit oder Achtsamkeit der Beobachtung, vor allem der Selbstbeobachtung!
- Ehrlichkeit, vor allem sich selbst und den eigenen Gedanken und Gefühlen gegenüber!

- Die Bereitschaft, sich auch Unangenehmes einzugestehen und es zuzulassen!
- Die Bereitschaft, Konsequenzen zu ziehen und zu handeln!

Doch zurück zu meinem Erlebnis mit Bettina. Wir saßen also auf unserer Bank am See. An eine Fortsetzung des Spaziergangs war nicht zu denken. Das rechte Bein hielt nicht, brach bei jedem Gehversuch sofort ein.

Ich ließ sie einige Augenblicke jammern und stöhnen. Dann nahm ich die Detektivarbeit gezielt in Angriff.

„Hast du an etwas Bestimmtes gedacht, als ich auf der Toilette war?"

„Nicht, daß ich wüßte!"

„Hast du dich über etwas geärgert oder bist du aus irgendeinem Grund wütend?" fragte ich weiter, da sich nicht ausgedrückte Gefühle und Gedanken oft unvermittelt über den Körper äußern.

„Nein, wirklich nicht."

„Hast du dich neulich über etwas geärgert, in den letzten Stunden oder Tagen?"

„Hm, laß mich mal nachdenken… Ja, gestern abend über meine Schwester. Sie war bei mir zu Besuch. Wir haben uns gegenseitig die Füße massiert, was ganz in Ordnung war. Dann hat sie noch an meinem Nacken manipuliert und war dabei so ungeschickt, daß ich danach den ganzen Abend Nackenschmerzen hatte. Das war echt unmöglich."

Da hatte ich doch tatsächlich eine Spur gefunden, ein verkappter Ärger über diese „Mißhandlung", als welche sie die Manipulation an ihrer Halswirbelsäule selbst bezeichnete. Doch warum das Bein? Was hatte ihr Bein mit diesem gestauten Ärger zu tun? Ich durchsuchte kurz mein „Inneres Lexikon" und fragte dann:

„Könnte es sein, daß du ihr da am liebsten einen Tritt in den Hintern gegeben hättest?"

„Allerdings", platzte sie heraus.

Mein Sherlock Holmes atmete tief durch und stopfte sich imaginär die Pfeife. Wieder war ein Fall gelöst, Zufriedenheit machte sich breit. Dieses Wissen, daß letztlich jeder Fall gelöst werden kann, macht einfach glücklich.

Zu Bettina gewandt sagte ich: „Dann sprich mir mal nach. Es könnte sein, daß mein rechtes Bein meiner Schwester am liebsten einen Tritt in den Hintern gegeben hätte. Und das kann sich ändern. Ich will, daß dieses Problem verschwindet!"

Gehorsam, weil entwaffnet, tat sie wie geheißen. Wir machten gemeinsam das Klopfritual und die rituelle Atemübung. Dann schauten wir uns erwartungsvoll an. Bettina stand vorsichtig auf, belastete ihr rechtes Bein. Es hielt. Sie machte einen Schritt, dann einen zweiten, alles bestens. Schließlich ging sie so weit, daß sie um die Bank herum einen richtigen Indianertanz aufführte, wozu sie sang: „Ich kann wieder geh'n, ich kann wieder geh'n."

Wir brachten also unseren Spaziergang relativ mühelos zu Ende. Relativ deshalb, weil sich bei Bettina zum Ende hin ein leichtes und stärker werdendes Hinken einstellte. Ich bot ihr an, die Übung zu wiederholen, doch sie lehnte dankend ab.

„Ist schon gut, es geht schon."

Als wir uns verabschiedeten, humpelte sie wieder sichtbar, aber offensichtlich zufrieden.

Ja, dachte ich für mich, als ich meiner Wege ging, wahrscheinlich ist sie jetzt wieder im Frieden mit ihren Glaubenssätzen. Das geht ja nicht, daß man seiner Schwester einfach so einen Tritt in den Allerwertesten gibt. Das kann man doch nicht machen. Da nimmt der brave Mensch das Leiden lieber auf sich selbst. Oder?

Nachfragen meinerseits ergaben, daß Bettina die Schmerzen im Bein noch eine Weile mit sich trug. Die „Leichtigkeit des Seins", die wir beide nach der 3-Schritte-Technik für eine Weile erlebt hatten, war also nur ein Fenster zu einer anderen Realität gewesen. Aber, wie sagt doch schon das Sprichwort: Jeder ist (halt) seines eigenen Glükkes Schmied.

34 Körpersignale II

Der Körper ist ein wunderbares Instrument, mit dem wir uns durch unser Leben bewegen. Geist und Materie kommen hier aufs Engste zusammen und wirken ineinander. Jede Zelle ist von Bewußtsein durchdrungen, das Körper- und Unterbewußtsein steuert alle Vorgänge und Prozesse bestens, getreu den Vorgaben einerseits der Natur, des Lebens selbst, dann aber auch des Verstandes, der Glaubenssätze und der eigenen Absichten. Glaubenssätze sind oft einschränkender Natur, sie behindern häufig den freien Ausdruck der Lebensenergie. Mit klaren Absichtsäußerungen können wir Glaubenssätze überstimmen und eine neue Realität herbeiführen.

In jedem Augenblick ist der Körper eine Art offenes Buch, in dem wir alles über unser Befinden lesen und erfahren können. Viel wurde schon über die Bedeutung von Krankheitssymptomen geschrieben, es gibt zum Teil exzellente Literatur darüber. Viele Leser mißbrauchen aber die darin enthaltenen Informationen dazu, Körperzustände zu zementieren, statt sie aufzulösen und zu befreien. Oder hat die Häufigkeit von Krankheiten vielleicht abgenommen, seit fast jede und jeder weiß, was die einzelnen Symptome bedeuten – oder besser: bedeuten könnten?!

Ich bin ganz klar der Meinung, daß Körperbotschaften absolut persönlich sind und daß es darum geht, was der Körper einem jetzt in diesem Augenblick sagen will. Bücher können in die richtige Richtung weisen, aber niemals eine Einzelsituation begründen. Und vor Pauschalurteilen über die Symptome anderer sollten wir uns sowieso hüten.

Wenn wir erkennen können, welche Botschaft der Körper in diesem Augenblick mit einem Symptom ausdrücken und überbringen will, dann können wir die Notwendigkeit dieser Botschaft erübrigen, indem wir die Botschaft in Empfang nehmen und dann dem Körper Anweisungen geben, den Mißstand zu beheben. Beats Fall zeigt, wie das gemeint ist:

Er kam zu mir mit einer schmerzenden Hüfte, die ihm beim Gehen zu schaffen machte. Er hinkte leicht und zog sein rechtes Bein beim Gehen nach. Wir versuchten mit ein paar Formulierungen, die Realität zu verändern, aber ohne Erfolg.

„Meine rechte Hüfte tut weh, und das kann sich ändern. Ich will, daß dieses Problem verschwindet." „Meine rechte Hüfte ist entzündet, und das kann sich ändern..." All dies brachte keinen anhaltenden Erfolg.

Wenn das KU nicht reagiert, ist das für mich ein Zeichen, daß es mit seiner Botschaft nicht verstanden wurde. Die 3-Schritte-Technik geht davon aus, daß mit dem ersten Schritt die Realität dort abgeholt wird, wo sie gerade ist. Dies ist die Voraussetzung für die Möglichkeit einer Veränderung, und es setzt voraus, daß die Realität wirklich als das verstanden wird, was sie ist. Im obigen Fall war dieses Verstehen also offensichtlich noch nicht gegeben.

An diesem Punkt begann ich mit Beat ein Gespräch über seine Lebensumstände, während ich gleichzeitig in meinem Hinterkopf abwog, in welchen sprachlichen Zusammenhängen die Hüfte vorkam. „Mit den Hüften wackeln", kam mir spontan in den Sinn, und so fragte ich denn Beat, wie es so um sein Liebesleben bestellt sei. Es zeigte sich, daß er in dieser Hinsicht nicht so zum Zuge kam, wie er es eben gern gehabt hätte.

Daraufhin versuchten wir es mit der folgenden Formulierung: „Meine Hüfte ist sexuell frustriert, und das kann sich ändern. Ich will, daß dieses Problem verschwindet."

Schon während wir den Satz formulierten, entspannte sich Beat und grinste übers ganze Gesicht. „Ziel erkannt“, dachte ich. Wir hatten nun ausgesprochen, was er sich nicht auszusprechen getraut hatte.

Wir verankerten die 3-Schritte-Technik rituell und überprüften dann ihre Wirkung. Beats KU nahm die neuen Anweisungen ohne Widerstand entgegen. Nun, da die Botschaft übermittelt war, brauchte es nicht weiter anzuklopfen. Fast wie ein Briefträger, der den Brief abgeliefert hat und weiterziehen kann – Auftrag erfüllt. Die Hüftschmerzen waren auf jeden Fall verschwunden.

Wie der Verstand mit der erhaltenen Information umgeht, ist eine andere Geschichte. Wenn sich nichts verändert, kann das Symptom „zurückkommen“, wie man glaubt. Tatsächlich wiederholt KU die Botschaft, vielleicht in einer anderen Form, bis sie erneut verstanden wird. Der Körper ist da enorm erfinderisch.

Manche Leserin und mancher Leser mag vielleicht den Eindruck haben, daß der Körper hier „sein Recht haben“ möchte, mit anderen Worten: daß Beats Körper mehr sexuelle Betätigung haben möchte. Dies ist sicher der Fall. Im allgemeinen bin ich aber davon überzeugt, daß das KU das braucht, was es zu brauchen glaubt. Und wenn man ihm erfolgreich etwas Neues beibringen kann, dann ist das genauso gültig. Das KU ist ewig formbar, es gibt hier keine endgültigen Wahrheiten. Wahr ist ganz einfach, was das KU glaubt und wovon es im Moment zutiefst überzeugt ist. Und Überzeugungen können, wie wir mittlerweile schon wissen, jederzeit verändert werden.

35 Laßt Blumen blühen

Simone hatte sich Blumen gekauft. Da sie zu der Zeit keinen Partner hatte, der ihr welche hätte schenken können, übernahm sie diese Aufgabe selbst und erstand jede Woche einen Strauß, um sich selbst ein bißchen zu verwöhnen.

Diesmal war es ein Strauß Harlekin-Rosen, eine bunte Farbpalette von purpurrot über lila bis gelb. Sie stellte sie in einer passenden Vase auf den Tisch ihres Wohnzimmers, und sie war sehr stolz auf sich – wie immer wenn sie sich selbst etwas zuliebe tat.

Die Blumen bereiteten ihr aber nicht so recht Freude. Schon am ersten Tag ließen die ersten die Köpfe hängen, dann folgten weitere und gaben ein ziemlich trauriges Bild ab. Natürlich hatte Simone die Stiele angeschnitten, aber das und weitere Bemühungen hatten nicht geholfen.

Da fiel ihr ein, daß sie es einmal mit der 3-Schritte-Übung versuchen könnte.

Sie formulierte in Gedanken: „Meine Blumen lassen die Köpfe hängen, und das kann sich ändern." Sie wiederholte ihr Ritual, dann vergaß

Meine Blumen lassen die Köpfe hängen, und das kann sich ändern!

sie das Ganze und ging in ihr Arbeitszimmer, um sich anderen Arbeiten zuzuwenden.

Als sie etwa eine Stunde später ins Wohnzimmer zurückkehrte, um dort etwas zu holen, staunte sie nicht schlecht: Alle ihre Rosen hatten die Köpfe aufgerichtet und leuchteten um die Wette. Und das nicht nur für einen kurzen Moment. Vielmehr behielten sie ihre Frische eine ganze Woche lang – zur großen Freude ihrer „Ziehmutter“.

36 Mehr Freude am Tun

Mathilde hatte sich für einen Step-Kurs eingeschrieben. Sie war Feuer und Flamme, denn sie liebte die kraftvollen Bewegungen, den Rhythmus, dieses Auf-den-Boden-Donnern mit Leib und Seele. Jeden Montag freute sie sich riesig auf die abendliche Tanzstunde.

Dann plötzlich, im Sommer, beim fünften oder sechsten Mal, war die Luft bei ihr irgendwie raus. Sie hatte sich an die Lehrerin gewöhnt, fand sie inzwischen ein bißchen langweilig, und als sie an diesem Montag an den bevorstehenden Abend dachte, verspürte sie überhaupt keine Lust hinzugehen. Sie erschrak selbst über diese veränderten Gefühle, denn anfangs war sie vom neuen Tun doch so begeistert gewesen. Und nun sollte die Begeisterung schon zu Ende sein? Das wollte sie nicht einfach so hinnehmen. Sie wollte weiter ihren Spaß haben beim Steppen.

Sie kannte die 3-Schritte-Technik. Warum also nicht versuchen, ihre Erfahrungsrealität zu verändern und etwas Gutes „herbeizuzaubern"? Sie formulierte Folgendes: „Der Step-Kurs macht mir keinen Spaß mehr, und das kann sich ändern. Ich will, daß dieses Problem verschwindet!"

Sie führte ihr Ritual aus, um die Sätze dem Unterbewußtsein einzuprägen, und ließ die ganze Aufgabe mit ihrer Atmung los, hinaus ins Universum. Schon gleich darauf fühlte sie sich anders. Sie war gespannt, wie sich ihr Tun auswirken würde, empfand eine freudige Erwartungshaltung, und mit dieser machte sie sich auf den Weg ins Tanzstudio.

Hier wurde sie von einem jungen Tanzlehrer begrüßt, den sie von einer Veranstaltung her schon kannte und mit dem sie sich sehr wohl fühlte. Er sagte den Tanzschülern, die Tanzlehrerin lasse sich heute durch ihn vertreten, und er hoffe, dies sei allen recht. Dann gestaltete er den Abend auf eine wunderbare frische, lebendige und begeisternde Art und Weise. Mathilde hatte großen Spaß an diesem Abend. Sie tanzte wie seit langem nicht mehr. Die Freude am Tun war zurückgekehrt, und sie konnte überhaupt nicht mehr begreifen, wie sie sich hatte vorstellen können, mit diesem Freizeitsport aufzuhören!

Begeistert war sie aber auch darüber, wie sie mit einer simplen „Einstellungs-Rochade" das Blatt zu ihren Gunsten hatte wenden können. Mit einem simplen „Trick" – so empfand sie die 3-

Schritte-Technik – hatte sie ihr Leben, das an einer kleinen Stelle aus dem Ruder zu laufen schien, wieder in die Hand genommen. – Oh, what a wonderful feeling!

37 Mehr Spaß

Wie die bisherigen Beispiele und Geschichten zeigen, können Sie die verschiedensten Situationen und Geschehnisse zu Ihren Gunsten verändern. Sie können auf Krankheiten reagieren, auf Schwierigkeiten aller Art, können Krisen in Highlights verwandeln und vieles mehr. Was immer Sie sich vorstellen können, das können Sie auch tun.

Dabei muß es nicht immer dramatisch zugehen, im Gegenteil. Sie können mit den „banalsten" Gegebenheiten üben – wenn es so etwas wie Banales überhaupt gibt in diesem spannenden Prozeß, genannt Leben.

Leben wir doch einfach unser „gewöhnliches" Leben auf ungewöhnliche Weise! Wir können aus unserem Alltag einen schamanischen Prozeß machen. In jedem Augenblick sind wir in der Schule des Lebens eingebunden, können unsere schöpferische Kraft erfahren. Wir müssen lediglich auf die Idee kommen, es zu tun!

An einem düsteren Regensonntag waren wir bei den Eltern meiner Frau zum Mittagessen eingeladen. Ihre Mutter hatte ein leckeres Mahl gekocht, mit Vorspeisen und Beilagen und allem Pipapo. Nach einem guten Kaffee mit lokalen Schnäpsen beschlossen wir, Karten zu spielen, wie wir dies bei solchen Gelegenheiten meist taten. Die Männer gegen die Frauen, ein so genannter Schieber.

Wie üblich setzten wir die Punktezahl fest, die erreicht werden mußte, und die Spielregeln, da diese von Ort zu Ort verschieden sind und deshalb stets aufs Neue ausgehandelt werden müssen. Als letztes wurde noch bestimmt, wer beginnen konnte, und dann ging es los.

Tatsächlich ging es aber kaum richtig los. Ein so langweiliges Spiel hatte ich selten erlebt. Es dümpelte so richtig dahin, keiner hatte wirklich gute Karten, mit denen man etwas anfangen konnte. Keine Partei kam wirklich voran, die Zielpunktzahl lag in weiter Ferne. Der Nachmittag war zäh und mühsam. Einer nach dem andern begann zu murren über das schlechte Spiel.

Meine Frau hatte als erste die Idee. Natürlich sagte sie nichts, wir waren ja nicht in derselben Partei, und wahrscheinlich wollte sie niemand anderen auf die Idee bringen. Aber da sie das Klopfen nicht stumm im Kopf, sondern tatsächlich ausführte, sah ich, was sie tat. Ich war wie elektrisiert. Warum war ich nicht selbst darauf gekommen?! Sofort nahm ich den Impuls auf und formulierte in meinem Kopf: „Ich habe miserable Karten, und das kann sich ändern. Ich will, daß dieses Problem verschwindet!“

Meine Frau saß zu meiner Linken, und sie mußte als nächste die Karten geben, ich konnte das Spiel machen. Und tatsächlich: Ich erhielt ein Superblatt. Noch nie an diesem Nachmittag hatte jemand von uns so gute Karten gehabt. Da ich das Spiel bestimmen konnte, fuhren wir einen glatten Match ein.

Die ganze Energie dieses Sonntagnachmittags hatte sich im Handumdrehen komplett verändert. Ab jetzt war es ein Superspiel, mit Vorteilen auf beiden Seiten. Die Übung hatte für beide Parteien gewirkt, die endgültigen Vorteile lagen jedoch bei uns, da ich wußte, wie ich meiner Frau „den Wind aus den Segeln nehmen“ konnte.

Die Punktezahl für den Sieger war im Nu erreicht. Aber alle waren Gewinner, da es allen großen Spaß gemacht hatte, auf so hohem Level zu spielen!

Wenn zwei das gleiche Ziel anstreben, das Gleiche wollen, wer gewinnt dann in einer solchen Auseinandersetzung? Der mit dem größeren Selbstvertrauen? Der mit der größeren Gelassenheit? Der mit der größeren Visualisierungskraft? Der mit dem längeren Atem?

Oder einfach der mit mehr Glück? Oder doch der mit dem größeren schamanischen Know-how?

Ich überlasse es an dieser Stelle Ihnen, dies herauszufinden. Warum Sie heute gewinnen und morgen verlieren, finden Sie es heraus! Waren Sie heute nicht so gut drauf, haben Sie nicht an den Sieg geglaubt, war der Gegner stärker als Sie? Lauter spannende Fragen. Wenn Sie sich bemühen, die Antworten zu finden, werden Sie eine Menge über sich und die Gesetze des Universums erfahren.

Dies ist eine Einladung, eine Aufforderung zum Spiel. Das Leben selbst ist das Spielfeld. Und wer bestimmt die Regeln? Die Gesellschaft? Die Geschichte? Der Kosmos, das Universum? Oder gar Sie selbst?

Tatsache ist, daß alles von dem zutreffen kann. Auf dem Boden der Wirklichkeit ist nämlich jede Realität möglich.

38 Mehr vom Auto

Barbara liebte ihr Auto, ein hübsches kleines Cabrio, mit dem sie besonders im Sommer viel Freude hatte. „Oben ohne" durch die Landschaft zu brausen machte wirklich großen Spaß. Leider gab plötzlich der Benzinanzeiger seinen Geist auf, so daß sie nur vermuten konnte, wie viel Sprit noch im Tank verblieb. In der Werkstatt teilte man ihr mit, daß dies eine ziemlich zeitaufwändige Reparatur werden würde, da das ganze Armaturenbrett ausgebaut werden müsse. Man riet ihr davon ab, sie könne sich doch die Füllmenge des Tanks anhand der gefahrenen Kilometer ungefähr vorstellen.

Das tat sie dann, und da sie etwas übervorsichtig war, fuhr sie immer schon nach etwa 250 Kilometern zum Tanken. Schließlich wurde ihr dies zu bunt. Sie hatte die 3-Schritte-Technik bereits mehrfach erfolgreich ausprobiert, warum sollte sie diese nicht auch hier einsetzen. Von technischen Dingen verstand sie zwar wenig, aber das sollte kein Hindernis sein. Also sprach sie: „Mein Benzinanzeiger macht Dummheiten, und das kann sich ändern. Ich will, daß dieses Problem verschwindet."

Sie verankerte rituell, fuhr dann weiter, und tatsächlich begann sich der Benzinanzeiger zu bewegen. Barbara konnte es kaum glauben. Monatelang hatte dieses Ding sich keinen Deut bewegt, und nun funktionierte es plötzlich wieder. Der Zeiger stieg höher und höher und stand schließlich auf voll. Und auch in den nächsten Wochen zeigte er nun die korrekte Füllmenge an, sehr zu Barbaras Zufriedenheit. Sie hatte sich schließlich eine kostspielige Reparatur gespart.

Vielleicht war es in diesem Fall von Vorteil, daß Barbara ohnehin ein kindlich-magisches Verhältnis zur Technik hatte. Ihre Glaubenssätze standen also in keinem Widerspruch zum erlebten Geschehen. Und wenn Uri Geller mit seinem Geist Löffel und Gabeln verbiegen kann, dann kann so jemand wie Barbara durch Fokussieren auch einen Benzinanzeiger wieder flottkriegen.

39 Mein Erlebnis als Feuerläufer

Ich hatte viel vom Feuerlaufen als neuer Esoterik-Disziplin gehört, aber es hatte mich nie sonderlich gelockt, es auszuprobieren und selbst zu versuchen. Schließlich lernte ich eine neue Kollegin kennen, die Karten für einen Event mit Motivationspapst Anthony Robbins gekauft hatte und diese gewinnbringend weiterverkaufen wollte.

Da ich schon von Robbins gehört und begeistert ein Buch von ihm gelesen hatte, kaufte ich ihr ein Billet ab und reiste nach Deutschland, um an besagtem Event teilzunehmen.

Am ersten Abend sollte ein Feuerlauf stattfinden, dies mit gleich mehreren tausend Teilnehmern.

Ich muß sagen, Anthony Robbins bereitete uns hervorragend auf dieses Ereignis vor. Wir lösten Ängste auf, machten uns Ziele bewußt und richteten unseren Fokus aus. Gegen Mitternacht war es schließlich so weit. Ich wartete in einer Reihe von Teilnehmern geduldig auf meinen Einsatz. Als ich das Zeichen erhielt, stürmte ich los, barfuß über die glühenden, 600-700 Grad heißen Kohlen. Ich tat, wie mir geheißen, sagte mir selbst: „Kühles Moos, kühles Moos“ und schritt, die Augen zum Himmel gerichtet, über das ungefähr zehn Meter lange Beet aus glühenden Kohlen. Erst am anderen Ende achtete ich wieder auf meine Füße. Ihnen war nichts passiert, sie waren zwar kohlrabenschwarz, aber unversehrt.

Ich war begeistert angesichts dieser Erfahrung. Es war mir offensichtlich gelungen, mein KU davon zu überzeugen, daß ich über kühles Moos, nicht über glühende Kohlen schritt. Die Befindlichkeit meiner Füße entsprach dieser suggestiven Realität, nicht der ihr zugrunde liegenden Situation von 600 Grad heißen Kohlen. Es war also wichtiger, was ich „glaubte“ oder „glauben wollte“, als was „tatsächlich war“.

Meine subjektive, persönliche Einstellung konnte die Wirkung massiv glühender Kohlen ungeschehen machen. Wichtig war einzig und allein, was ich von diesem Ereignis erwartete. Und das war ein unbeschwerter Spaziergang über kühles Moos. Phänomenal!

Zu Hause mußte ich dieses Aha-Erlebnis erst einmal verdauen. Auf eindrückliche Art und Weise hatte ich die Subjektivität allen Erlebens erfahren. Ich konnte mit einer Veränderung meiner Einstellung Erfahrungsgrenzen überwinden, wie es der logische Verstand nicht wirklich nachvollziehen konnte.

Inzwischen hat sich diese Erfahrung verfestigt und zu einer Gewißheit verdichtet: Es gibt keine absolute Realität, keine verbindlichen Erfahrungen, die für alle gelten und damit allgemein gültig sind. Was es gibt, sind persönliche Realitäten, geschaffen von Gedanken, Erfahrungen, Erwartungen und Gefühlen. Wenn die glühenden Kohlen nicht Teil meiner Realität sind, können sie mir nichts anhaben, sie berühren mich nicht, da sie nicht Teil meiner Erfahrung sind. Mitten in dieser Höllenglut – meine Realität ist eine andere!

Was für eine Erfahrung, was für ein Wissen.

Der Schamane spielt mit Raum, Zeit und Gegebenheiten. All dies sind Elemente, nutzbar wie Bauklötze, um eine gewünschte Realität zu erbauen. Entscheidend ist nicht, was ist, sondern was ich will, das ist!

Ursula hatte sich in einer Schwimmstunde am Zeh verletzt. Sie hatte den verstellbaren Gitterboden des Schwimmbeckens für die kleinen Kinder hoch eingestellt, damit diese im Wasser stehen und sich angstfrei bewegen konnten. Nun war sie mit dem kleinen Zeh ihres rechten Fußes am Gitter hängengeblieben und hatte sich verletzt. Fast drei Wochen ertrug sie geduldig den Schmerz. Irgendwann würde er weggehen, dachte sie. Doch er blieb, also machte sie einen Arzttermin für den folgenden Tag aus. Da wir uns an jenem Abend trafen und sie mir von ihrem Mißgeschick erzählte, weihte ich sie in eine Technik ein, die Serge King die „Repetitionstechnik“ nennt.

Bei dieser Technik geht man in der Vorstellung an den Ort und in die Zeit des Malheurs zurück, um den verhängnisvollen Augenblick dann anders zu erleben. Anstatt mit dem Zeh im Bodengitter hängenzubleiben, bewegt man sich ohne Schaden darüber hinweg. Diese Übung wird so lange wiederholt, bis das KU von der Gültigkeit der Vorstellung oder Aussage überzeugt ist.

Ursula spielte diese Vorstellung also ein paar Mal durch. Immer wieder bewegte sie sich geistig im Schwimmbecken, ohne mit ihrem Zeh hängenzubleiben. Und plötzlich, nach mehreren „Durchgängen“, waren ihre Schmerzen mit einem Mal verflogen, sie konnte den Arzttermin absagen, ihr Zeh, den sie gebrochen geglaubt hatte, machte keine Beschwerden mehr. Sie hatte ihr KU von einer anderen Realität überzeugt. Nun war diese neue Realität maßgebend, nun waren Gesundheit und Unversehrtheit angesagt.

Ob wir uns also im vorhinein entsprechend einstellen oder eine Erfahrung im nachhinein korrigieren und umerleben – in beiden Fällen sind äußere Umstände wandelbare Größen, die wir unseren Wünschen entsprechend beeinflussen können.

Mögen sich die Anhänger des logisch-analogen Weltbildes im Grabe umdrehen, wir feiern den Sieg über die Materie, über Raum und Zeit!

40 Partnerschaftsprobleme

Ich kenne kein Paar, das keine Probleme hat. Eine Partnerschaft ist Leben, und Leben bedeutet Herausforderung, Wachstum und Entwicklung. Probleme bedeuten also Herausforderungen, die gelöst werden wollen. Das ist gut so. Wenn man aber Partnerschaften etwas näher betrachtet, dann findet man viele Eigentümlichkeiten.

Ausreden zum Beispiel. „Ich würde ja gerne, aber mein Partner läßt mich nicht, er ist dagegen." Der Partner als Ausrede, etwas nicht zu tun, was man – wie man vorgibt – gern tun würde. Partner mißbrauchen so einander, verstecken sich hintereinander, schieben einander vor in Sachen Schuld und Verantwortung.

Tatsache ist: Die Verantwortung liegt immer bei uns selbst. Unsere Welt ist so, wie wir sie sehen, weil wir sie so sehen wollen. Und wenn wir sie anders sehen und erleben wollen, dann können wir dies tun und unsere persönliche Realität zu unseren Gunsten ändern – jederzeit! Ohne Ausrede, ohne Wenn und Aber! Wir müssen es nur wollen, und wir müssen es tun.

Pamela ist mit Rolf zusammen, einem zwanzig Jahre älteren geschiedenen Mann, mit dem sie einige Probleme hat. Einerseits bewundert sie seine männliche Stärke, sein Auftreten, seine Gewandtheit – er ist Politiker aus dem konservativen Lager –, andererseits leidet sie auch genau unter diesen seinen Eigenschaften. Sie selbst interessiert sich für Kunst, Umwelt, Soziales und Spiritualität, engagiert sich in einer linkspolitischen Vereinigung. Sie leidet sehr darunter, daß ihr Tun bei ihm kein Gehör findet.

Sie suchte also Hilfe. Das Bild, das sie von ihrer Beziehung zeichnete, war nicht sehr freundlich. Sie redete und redete, und es dauerte eine Weile, bis ich ihr etwas aus meiner Sicht sagen konnte. Ich staune immer wieder, wie ausführlich Menschen ihr Elend ausmalen können, fast als ob sie damit ihre Hilflosigkeit rechtfertigen wollten: Wenn ich es schlimm genug darstelle, dann ist es so. Punkt.

An diesem Punkt ist es gar nicht so einfach, dem Hilfesuchenden klarzumachen, daß er an seiner Realität tatsächlich etwas ändern kann. Dies wohl deshalb, weil man ihm damit das so schön konstruierte Bild von Opfersein und Hilflosigkeit wegnimmt.

Ich erzählte Pamela also, daß ihre Welt so sei,

wie sie sie halt sehe. Und dann erklärte ich ihr die 3-Schritte-Technik, die wir auch gleich gemeinsam anwendeten. Ihre Formulierung lautete: „Wenn ich an meinen Partner denke, habe ich das Gefühl, daß er für gewisse Dinge nicht offen ist, und das kann sich ändern. Ich will, daß dieses Problem verschwindet." Wir verankerten die Veränderung, worauf sie mich wieder verließ.

Wie vereinbart, meldete sie sich einige Wochen später, um über das Ergebnis zu berichten.

Und tatsächlich: Ihr Partner hatte sich ihr gegenüber ganz verändert gezeigt. Nun konnte sie plötzlich mit all ihren Anliegen und Interessen zu ihm gehen. Was immer sie beschäftigte, er lieh ihr sein Ohr und war ihr ein richtiger, verständnisvoller Partner.

Fast wie im Märchen, nicht? Und wenn sie nicht gestorben sind ... Und doch kommt das Glück über Nacht, wenn Sie sich dies zutrauen. Wie oft sind wir **überzeugt**, daß wir nicht verstanden werden, daß wir nicht geliebt werden, daß wir etwas nicht verdienen, und tun alles, um damit recht zu behalten.

Die Veränderung beginnt immer innen – in uns selbst –, nicht außen beim Partner. Die Veränderung ist in erster Linie eine Veränderung unserer eigenen Erwartungshaltung. Alles im Leben entwickelt sich gemäß unserer Erwartung, und hier müssen wir ansetzen!

Wenn Sie auf Ihren Partner warten, können Sie möglicherweise warten, bis Sie schwarz sind.

Wollen Sie das wirklich?

Die Formulierung im obigen Beispiel ist ziemlich tricky. „**Ich** habe das Gefühl, daß **er** nicht offen ist, und das kann sich ändern.“

Der Verstand meint vielleicht, daß **er** (der Partner) sich jetzt ändert oder ändern muß, aber genauso gut ist das eigene Gefühl angesprochen, das sich ändern kann oder soll. Also stehen beide Varianten offen, daß sich außen (beim Partner) etwas ändert, wie auch innen (im eigenen Gefühl).

Da unser KU (Körperbewußtsein/Unterbewußtsein) für unsere Gefühle zuständig ist, macht es auf jeden Fall Sinn, die eigenen Gefühle und ihre Veränderung ins Visier zu nehmen. Auf diese Weise ist eine Veränderung sehr gut zu erreichen.

Schauen Sie also nicht primär darauf, wie ihr Partner nicht ist, sondern machen Sie sich klar, wie Sie ihn und Ihre Beziehung gern hätten. Dann können Sie mit der 3-Schritte-Technik alles entsprechend einfädeln.

Vielleicht finden Sie: „Mein Mann ist fad“, dann können Sie das ändern.

Oder „Meine Frau will nicht mehr mit mir schlafen, und das kann sich ändern.“

Was immer es ist, was Sie stört oder was Ihnen fehlt, benennen Sie es und ändern Sie es sofort. Sie sind der Schöpfer, Sie haben es in der Hand!

Wie gesagt, Sie ändern Ihren Partner, aber vor allem ändern Sie sich selbst. Sie sind bereit, Ihrem Partner (noch) eine Chance zu geben. Sie ziehen die Möglichkeit in Betracht, daß sich alles zum Guten wendet. Sie sind bereit, die Welt neu zu sehen.

41 Selbstwahrnehmung

Selbstwahrnehmung ist der Schlüssel, mit dem die innere Detektivarbeit erfolgreich durchgeführt werden kann. Die große Fähigkeit des inneren Sherlock Holmes liegt darin, daß er selbst die kleinsten Anzeichen und Hinweise wahrnehmen und mit größeren Zusammenhängen kombinieren kann.

Zeichen lesen, Spurenarbeit, kombinieren können, Interpretationsfähigkeit, all dies ist gar nicht so schwierig, wie man auf den ersten Blick vermuten könnte. Es braucht vor allem die Gabe der Hinwendung.

Die meisten Menschen haben gelernt, sich abzuwenden, wegzusehen. „Was ich nicht weiß, macht mir nicht heiß", lautet ein geläufiges Sprichwort. Natürlich brauche ich mich nicht auf etwas zu konzentrieren oder mich etwas zuzuwenden, was ich **nicht** in meinem Leben haben will. Das ist absolut richtig. Und viele Menschen haben deshalb so viel von dem in ihrem Leben, was sie gar nicht wollen, weil sie sich ständig und fortwährend damit beschäftigen. Getreu dem schamanischen Gesetz: Ich erhalte das, worauf ich mich konzentriere. Ob gut oder schlecht: Wenn ich mich auf etwas konzentriere oder mich mit etwas beschäftige, verstärke und vermehre ich seine Energie.

Das ist das eine.

Das andere ist, daß ich, wenn ich nichts weiß, auch nichts tun kann. Was nicht ist, kann ich nicht verändern, ich kann es nicht heilen oder verbessern. Es bleibt mir entzogen, es bleibt mir verschlossen. Wenn wir uns aber Problemen zuwenden, dann wecken wir keine schlafenden Hunde. Die Hunde sind schon wach, sie bellen oder machen sich anderweitig bemerkbar. Sie zu ignorieren ergibt keinen Sinn. Wenn wir uns dem Problem zuwenden und uns zu den Gegebenheiten hinwenden, dann können wir nicht nur von ihnen lernen, wir können sie auch zu unseren Gunsten verändern.

IST ES GAR NUR DER UNTERSCHIED ZWISCHEN HINWENDEN UND WEGWENDEN, WAS EINEN SCHAMANEN AUSMACHT?

Wer den Fall lösen will, muß sich hinwenden, und zwar mit Hingabe und Akribie, aber auch mit Leichtigkeit und einem möglichst weiten Blickwinkel. Es gilt, die Zeichen zu lesen und ihre

Bedeutung zu verstehen. Oft hilft uns dabei der so genannte Volksmund, unsere Sprache, die in ihrer Wortwörtlichkeit oft die Lösung des Problems beinhaltet. Wenn wir dieser Spur folgen, ist das Kombinieren oft ein Kinderspiel, wie das folgende Beispiel zeigt.

Stefanie hatte gräßliche Fieberblasen auf den Lippen. Es sah aus, als hätte sie sich ganz schlimm verbrannt, so riesig waren die Brandblasen auf ihren Lippen. Sie traute sich kaum mehr unter die Leute, schämte sich über ihr nicht allzu perfektes Aussehen. Alles Salben und Schminken half nichts, die Wahrheit war nicht zu verbergen. Also fragte sie mich um Rat.

Ich gab den Auftrag weiter an meinen inneren Sherlock Holmes. Dieser schaute sie eingehend an, dann stellte er eine Frage, die das Problem mitten ins Herz traf:

„Könnte es sein, daß dir etwas auf den Lippen brennt?“

Die Frage war so zutreffend, daß Stefanie schachmatt war und sie nicht beantworten konnte.

„Könnte es sein, daß du jemandem etwas hättest sagen wollen oder sollen, es aber nicht über deine Lippen gebracht hast?“

Die Vermutung war so korrekt, daß sie zu schluchzen begann und berichtete, sie habe mit ihrem Freund eine Auseinandersetzung gehabt. Eigentlich hätte sie ihm „alle Schande sagen sollen", habe es aber nicht getan. Wenig später hätten sich, so ergab das Nachfragen, die Fieberblasen eingestellt.

Die Thematik lag also auf der Hand, und wir formulierten gemeinsam:

„Möglicherweise brennt mir etwas auf den Lippen, und das kann sich ändern. Ich will, daß dieses Problem verschwindet!"

Rituell verankert wirkte die Übung sehr schnell, am andern Tag war von den ganzen wilden Fieberblasen nichts mehr zu sehen.

Ob Stefanie ihrem Freund noch die Meinung gesagt hat, weiß ich nicht. Für den Heilvorgang ist dies auch nicht wichtig. Wichtig ist einzig und allein die klare Anweisung an das KU, die Spannung loszulassen, die sich aus diesem Sprechen-wollen-und-nicht-Können ergab. Mit dem Beseitigen dieser Spannung war das körperliche Symptom überflüssig geworden. Dieses hatte lediglich angezeigt, daß da etwas auf den Lippen brennt.

Nehmen Sie also wahr, was ihr Körper Ihnen sagen will. Sobald Sie die Botschaft angenommen haben, verschwindet das Zeichen, Ihr KU hat seine Schuldigkeit getan.

Sabrina hatte brutale Kopfschmerzen. Ihr Schädel drohte zu bersten. Da sie eine Semesterarbeit schreiben mußte, konnte sie diese Schmerzen überhaupt nicht gebrauchen. Sie rief mich um Hilfe an. Da ich es meistens zuerst mit dem Naheliegenden versuche, formulierten wir am Telefon gemeinsam: „Ich habe Kopfschmerzen, und das kann sich ändern. Ich will, daß dieses Problem verschwindet."

Wir verankerten die Anweisung rituell, und sie sagte, sie fühle sich etwas besser. Während wir noch weiter sprachen, stellten sich die Kopfschmerzen wieder ein. Offensichtlich war ihr KU nicht bereit, das Symptom „einfach so" loszulassen, ich vermutete, es wollte damit etwas Tieferes mitteilen. Also begann ich mit der Fragestunde:

„Seit wann hast du diese Kopfschmerzen?"

„Seit dem letzten Wochenende."

„War da etwas Bestimmtes?"

„Eigentlich nicht."

„Was genau hast du gemacht?"

„Ich war mit meinem Freund in einer anderen Stadt."

„Was habt ihr da gemacht?"

Sie hatten, unter anderem, die WG besucht, in der ihr Freund früher gewohnt hatte.

„War da etwas Besonderes, etwas, das dich gestört hat?"

„Hm …, seine Ex-Freundin war auch da."

Bingo!

Ich war etwas in Eile. Deshalb ging ich gleich in medias res:

„Dann laß uns mal formulieren: „Es kann sein, daß die Ex-Freundin mir Kopfzerbrechen bereitet, und das kann sich ändern. Ich will, daß dieses Problem weggeht!"

Klopf-klopf-klopf, dann in den Scheitel ein- und in die Zehen ausgeatmet, um das Ganze rituell zu verankern. Und dann? Nichts weiter. Die Kopfschmerzen waren wie weggeblasen. Sabrina war geheilt und konnte sich wieder ganz auf ihre Semesterarbeit konzentrieren.

42 Warum nicht?

Wenn die Inhalte des bisher Gelesenen Sie begeistern, dann geht es Ihnen wie mir. Vielleicht haben Sie selbst schon probiert, dies oder jenes zu ihren Gunsten zu verändern. Wenn nicht, dann machen Sie sich heute noch daran. Lernen Sie die Kraft ihres Bewußtseins-Fokus‘ kennen. Gestalten Sie jeden Tag Ihres Lebens erfolgreich! Beenden Sie Ihr Opferdasein, erwecken Sie den Gott, die Göttin in Ihnen. Dazu hat uns schon ein 4000 Jahre altes Sprichwort aus Sumer aufgefordert: „Es ist das Ziel unseres Daseins, den Schöpfer in uns zu erwecken.“

Beginnen Sie mit kleinen Episoden, mit Situationen, die Sie bisher einfach hingenommen haben, und verändern Sie sie so, wie es Ihnen gefällt.

Antonia ist Lehrerin. Zur Zeit arbeitet sie mit einem Pensum von sechzig Prozent, vor allem um neben dem Job genügend Zeit für sich selbst und ihre vielen Hobbys zu haben. Der Unterricht mit den Kindern bereitet ihr Vergnügen, nicht so die vielen organisatorischen Sitzungen des Lehrkörpers, die sie oft als Leerlauf empfindet. Oft schon hat sie sich geärgert, daß gerade solche Sitzungen den Zeitrahmen überspannen und ins Endlose ausufern.

Also beschloß sie neulich, die Sache selbst in die Hand zu nehmen. Sie befand sich in einer Sitzung des Lehrkörpers, die nur noch ein paar Minuten dauern sollte, als ein wortverliebter Kollege gerade zu einem umfassenden Bericht ausholte. Die Diskussion schien ins Uferlose abzugleiten. Antonia koppelte ihre Aufmerksamkeit vom Geschehen ab und formulierte in ihren Gedanken: „Es könnte sein, daß die heutige Sitzung wieder überzogen wird, und das kann sich ändern. Ich will, daß dieses Problem verschwindet.“

Sie klopfte und atmete, um das Gedachte zu vertiefen, und wandte sich dann wieder dem Geschehen um sich herum zu. Baß erstaunt hörte sie den Gesprächsleiter gerade in diesem Moment sagen: „Zu diesem Thema gibt es bestimmt noch viel zu sagen, doch kommen wir für heute zum Schluß und…“

„Aus deinem Mund in Gottes Ohr“, sagt der Volksmund, wenn sich ein Wunsch oder ein Gedanke so schnell manifestiert. Eigentlich weiß „man“ um solches Geschehen. Trotzdem saß Antonia beim nächsten Mal wieder wie ein Schaf auf ihrem Stuhl, bis die Sitzung mit einer dreiviertel Stunde Verspätung endete. Sie hatte ganz einfach vergessen, erneut auf eine wunschgemäße Lösung zu fokussieren.

Warum das? Warum vergessen wir immer wieder unsere Macht und unsere Möglichkeiten?

Warum begnügen wir uns mit weniger als mit dem Besten? Warum nehmen wir unser Schicksal nicht besser in die Hand? Warum lassen wir uns am Gängelband führen und von Meinungen und Erwartungen bestimmen, die nicht die unseren sind?

Auf der Homepage von Wendy, einem amerikanischen Medium, finde ich folgende Erklärung (eines unbekannten Verfassers):

„Unsere tiefste Angst ist nicht etwa die,/ daß wir nicht gut genug sind./ Unsere tiefste Angst ist,/ daß wir über alle Maßen mächtig sind./ Es ist unser Licht, das uns Angst macht/ nicht unsere Dunkelheit! /Wir fragen uns selbst: Wer bin ich denn,/ daß ich brillant, großartig, talentiert und phantastisch sein soll?/ In Tat und Wahrheit ist es aber so:/ Wer bist du, daß du all dies nicht sein solltest?“

Nehmen Sie also Ihr geistiges Erbe in Besitz

und gestalten Sie Ihr Leben und Ihre persönliche Realität nach Ihren Wünschen. Wenn Sie dies nicht tun, dann geben Sie diese Macht ab an andere, und auch dies ist Ihre freie Entscheidung. Sie können es tun oder lassen, das ist Ihre ganz persönliche Freiheit, die Ihnen niemand wegnehmen kann.

Wir sind seit vielen Jahrhunderten gewöhnt, den Lebensrahmen als etwas Gegebenes hinzunehmen. Dabei ist nichts endgültig, alles ist sowieso in einem fortwährenden Veränderungsprozeß. Und da können wir hineinwirken und unser schöpferisches Mitwirken testen und erfahren.

43 Wer es versucht, der findet

Giannina hatte ihren Schlüsselbund verlegt. Sie hatte bereits praktisch die ganze Wohnung auf den Kopf gestellt, ohne das Gesuchte zu finden. Nun war guter Rat teuer. Ohne den Schlüsselbund konnte sie nicht aus dem Haus gehen, da sie weder die Wohnung zusperren noch sich zu ihrem Büro Zutritt verschaffen konnte.

Sie begann erneut zu suchen, wurde immer erregter und nervöser, und es schien, als würde sie damit die Möglichkeit des Findenkönnens vor sich herschieben.

Als sie dieser Tatsache gewahr wurde, hielt sie inne und besann sich der 3-Schritte-Technik. Ruhig brachte sie ihre Hände zusammen und formulierte: „Ich kann meinen Schlüsselbund nicht finden, und das kann sich ändern. Ich will, daß dieses Problem verschwindet."

Sie verankerte rituell, um die neue Ruhe auch wirksam werden zu lassen, und atmete tief durch. Nun hatte ihre Energie gedreht. Nun war sie auf „Finden!" programmiert. Ohne groß nachzudenken, öffnete sie intuitiv eine Küchenschublade, die sie längst erfolglos inspiziert hatte. Und siehe da, da lag doch tatsächlich der gesuchte Schlüsselbund, inmitten von irgendwelchen Küchenutensilien.

Spannung und Anspannung verhindern Fließen, das Fließen von Heilung, aber auch das Fließen von „Gespür“ und Wissen. Sobald wir die Spannung loslassen, fließt uns die innere Information wieder zu, sind wir offen für Intuition und inneres Wissen. Wir haben besseren Zugang zur Erinnerung, eigentlich zu allen von unseren äußeren und inneren Fähigkeiten. Indem wir den Bewußtseinsfokus auf „Lösung“ richten, funktioniert alles in uns und um uns herum entsprechend, und wir erschaffen uns die gewünschte Realität.

Rahel, die Tochter von guten Freunden, war auf dem Weg zur Schule. Für ihren weiten Schulweg nahm sie wie gewohnt den Bus. An diesem Morgen bemerkte sie plötzlich im Bus, daß sie ihre Tasche zu Hause vergessen hatte. Das gesamte Lehrmaterial war in der Schule, aber Geld und Lunchpaket waren zu Hause geblieben. Oh je, das war dumm! Umkehren konnte sie nicht, dazu blieb keine Zeit. Und niemand würde ihr das Paket nachbringen können. Würde sie also den ganzen Tag hungern müssen? Oder konnte sie etwas tun, um dieses Los abzuwenden?

Bei unserem spielerischen Umgang mit der Realität war sie oft dabei gewesen, ihre Eltern sowie sie selbst waren also vertraut mit der Möglichkeit einer Realitätsveränderung. Sie überlegte kurz, wie die Situation war, und entschloß sich dann zu folgender Formulierung: „Ich habe kein Geld für ein Sandwich, und das kann sich ändern. Ich will, daß dieses Problem verschwindet!"

Kurz darauf erreichte der Bus die Haltestelle, wo Rahel aussteigen mußte. Beim Aussteigen entdeckte sie am Boden vor dem Ticketautomaten ein paar größere Geldmünzen, die jemand verloren haben mußte. Da niemand außer ihr diese Münzen überhaupt wahrnahm, hob sie sie auf. Sie wußte, nun hatte sie das Geld für ihr Sandwich beisammen. Sie würde nicht hungern müssen.

Was mit kindlicher Leichtigkeit angestrebt und manifestiert wurde, sollte uns zu denken geben. Wir sollten uns nämlich zum Nachdenken anregen lassen, was wir denn gern in unserem Leben vorfinden und manifestiert haben möchten.

Teil II

Technik und Wissen zum Verändern der persönlichen Realität

„Unsere einzige Freiheit ist die,
zu bestimmen,
worauf wir
unsere Aufmerksamkeit
richten wollen!“

Samarpan

Realität und Wirklichkeit

Als erstes möchte ich Ihnen erklären, was Wirklichkeit ist und was Realität. Dies zu verstehen ist von absolut grundlegender Bedeutung. Nur wenn uns diese Zusammenhänge geläufig sind, können wir erkennen, daß unsere Realität beliebig geformt und verändert werden kann.

In der deutschen Sprache haben wir, Gott sei Dank, die Möglichkeit, zwischen Realität und Wirklichkeit zu unterscheiden. Die beiden Begriffe sind nämlich keineswegs Synonyme, sie bezeichnen ganz verschiedene Dinge.

Wirklichkeit ist der Urgrund allen Seins, Hintergrund und Matrix für alle Schöpfung und Erfahrung. Das, was immer war und immer sein wird, die Leere – Shunyata, wie diese auf Sanskrit heißt. In den heiligen Schriften der Upanishaden heißt es:

NITYAM SHUDAM NIRA'BHA'SAM
NIRA'KA'RAM NIRANJANAM
NITYABODHAM CIDA'NANDAM
GURUR BRAHMA NAMA'MYAHAM.

Ewige, reine, unbeschreibliche Wesenheit,
gestaltloses, makelloses,
allgegenwärtiges, glückseliges Bewußtsein,
diesem Allerhöchsten erweise ich die Ehre.

Wirklichkeit ist immer, ewig und wird immer sein – formlos, gestaltlos, unberührt von Raum und Zeit. Wirklichkeit ist absolut. Realität hingegen ist alles, was vor dem Hintergrund der Wirklichkeit als Form oder in Form erscheint. Da sich diese Formen beständig ändern und beliebig austauschbar sind, ist Realität relativ. Nicht endgültig, sondern endlich.

Leere ist Form, und Form ist Leere, so heißt es in den alten Schriften. In allem, was existiert, in allem, was als Realität in Erscheinung tritt, ist die Leere der Wirklichkeit als Hintergrund enthalten. Wirklichkeit ist also Urgrund, ist reines, ungestaltetes Potential, das „Nichts", das „Noch-nicht-Seiende". Dieses „Nichts" ist die Wirklichkeit hinter allem Sein.

„Die Wirklichkeit ist immer vorhanden", sagt Artur, der polnisch-deutsche Weise. Die Wirklichkeit ist das eigentliche Sein, ist bleibend, ist ewig. Was immer wir Schönes oder Dramatisches erleben, die Wirklichkeit ist davon unberührt. Nichts von dem ist wirklich.

Realität ist stets aufgesetzt, ist polarer Veränderung unterworfen, ist fortwährender Wandel. Bewußtsein und Energie wirken zusammen, um die verschiedenen Realitäten auf dem Urgrund beziehungsweise vor dem Hintergrund der Wirklichkeit zu gestalten.

Bewußtsein, die Absicht, lenkt das schöpferische Geschehen und die ihm zugrundeliegende Energie. Das Leben selbst ist von heiliger Absicht durchdrungen, der Absicht zu wachsen, zu gedeihen und sich zu entfalten.

Wenn wir uns diese Zusammenhänge einmal bildlich veranschaulichen wollen, dann ist die Wirklichkeit so etwas wie die große kosmische Leinwand, weiß und leer. Auf dieser Leinwand können wir jeden x-beliebigen Film abspielen lassen: Komödien, Tragödien, Dramen, Krieg und Frieden, was immer wir wollen.

Wenn wir den Film abstellen, ist alles weg, nur die Leinwand ist da, bereit für den nächsten Film. Die alten Weisen sagen, nur die Leinwand ist wirklich, alles andere ist Illusion, ein vorübergehendes Spiel. Aber in diesem Spiel können wir alle Bilder auf die Leinwand projizieren, die wir uns vorstellen können. Wir können überblenden, Programme austauschen, „zappen" wie beim Fernsehen, ganz wie es uns gefällt. Die Leinwand bleibt davon unberührt, die Wirklichkeit verändert sich nicht. Verändert haben sich nur die Realitäten oder Inhalte der jeweiligen Filme, des filmischen Geschehens.

Energie nun ist der Lichtstrahl, der auf die Leinwand fällt, und Bewußtsein bestimmt die Motive auf dem Celluloid, welche dieses Licht zu Bildern formen.

„Der Mensch denkt und Gott lenkt", sagt der Volksmund dazu, daß das Universum alles umsetzt und verwirklicht, was wir als Input hineingeben. Die Kraft unserer Absicht lenkt also das schöpferische Geschehen und die ihm zugrundeliegende Energie.

Das Leben selbst, alles Leben, ist von einer heiligen Absicht durchdrungen, der Absicht zu wachsen, zu gedeihen und sich zu entfalten, wie wir es in der Natur wunderbar sehen können.

Wenn die alten Schriften davon sprechen, daß wir nicht zwei Herren dienen können, dann meinen sie, daß unsere Absicht nur einen einzigen Fokus hat. Im Ewigen Jetzt der Gegenwart gibt es nur einen einzigen Fokus: einen jetzt und einen jetzt und einen jetzt. Hintereinander viele, aber jetzt, im Augenblick der Kraft, nur einen. Und wie wir diesen Fokus nutzen, wie wir ihn einsetzen und worauf wir ihn richten, ist von allergrößter Bedeutung. Denn damit schaffen und verändern wir die Realitäten unseres Lebens und des ganzen Universums.

Es ist die Absicht, welche die Energieströme des Universums lenkt und das Bewußtsein sich manifestieren läßt.

Das magische oder schamanische Weltbild

Während wir in unserem „normalen“ Weltbild in einem Universum von berechenbaren Kräften leben, die in ihrer linearen Entwicklung und Entfaltung den Gesetzen von Raum und Zeit unterworfen sind, geht der Magier und Schamane von einer ganz anderen Schau der Dinge aus.

Für den Magier und Schamanen ist die Wirklichkeit Matrix und Hintergrund für eine Fülle von Universen und Realitäten. In all diesen Realitäten und Universen ist die Wirklichkeit stets vorhanden, deshalb ist alles von Bewußtsein durchdrungen, vom Großen Geist, wie die Indianer sagen würden.

Daß wir hier von zwei verschiedenen Weltbildern sprechen, impliziert eigentlich schon, daß es jede Menge von Realitäten gibt, eine unbegrenzte Fülle von Erfahrungsmöglichkeiten, denn zwei ist schon mehr als eine, und wenn es zwei gibt, dann gibt es viele. Es gibt nicht nur ein Entweder-Oder, sondern beides, vielmehr Vieles. Wer allerdings die Welt nach „normalen“ Gesichtspunkten zu erklären sucht, wird auch die entsprechenden Antworten finden.

„Das Selbst kennt keine Begrenzungen", postuliert Seth am Anfang seines Buches über „Die Natur der persönlichen Realität". Das Selbst ist das Sein, das sich in allem ausdrücken kann, was es sich vorstellen kann.

In diesem Sinne gibt es auch nicht **ein** schamanisches Weltbild, sondern unzählige, etwa so, wie es auch ungezählte religiöse Vorstellungen und Darstellungen des Kosmos' gibt. Die im Folgenden beschriebenen schamanischen Gesetze sind deshalb lediglich Axiome, die uns helfen, die Vielfalt der Erfahrungsmöglichkeiten und Realitäten zu verstehen und – für den Schamanen besonders wichtig – zu unseren Gunsten zu nutzen.

Es gibt verschiedene Annäherungen an die magisch-schamanische Weltschau. So hat zum Beispiel Serge Kahili King, ein Meisterschamane aus Hawaii, sieben schamanische Gesetze formuliert. Aber auch das Wissen der Religionen hilft uns, die Grundlagen des magisch-schamanischen Weltbildes zu verstehen.

Die Postulate der Schamanen verschaffen uns eine andere Optik und helfen uns, die dynamischen Zusammenhänge des schöpferischen Geschehens anders zu sehen und so die Welt der Schamanen und der modernen Physik gleichermaßen besser zu verstehen. Auch die Wirksamkeit verschiedener Heilsysteme läßt sich durch diese Blickweise besser erklären.

Für das Weltbild des Magier-Schamanen gelten die folgenden **zehn Grundannahmen**, die sich aus dem Wissen von Religionen und schamanischen Traditionen zusammensetzen:

1. **Das Universum ist Bewußtsein und Energie**
   ALL-DAS-WAS-IST ist Bewußtsein und Energie. Bewußtsein und Energie sind die zwei bestimmenden Kräfte des Universums. Materie ist nichts weiter als verdichtete Energie oder Energie in einem besonderen Aggregatzustand, dabei genauso von Bewußtsein durchdrungen wie alles andere auch.

2. **Freiheit ist das höchste Gut**
   Die Wirklichkeit kann jede beliebige Form annehmen und als jede beliebige Realität in Erscheinung treten. Alles ist möglich, und alles ist gleichwertig, also gleichermaßen gültig oder wertvoll. Denn alles ist relativ und vor dem Hintergrund der Wirklichkeit eine vorübergehende, illusionäre Erfahrung und Erscheinung.

3. Unser Bewußtsein formt unsere Welt. Dabei gilt: Wie innen, so außen.

Das lebendige Weltbild entsteht im Geiste, und die Welt um uns herum entspricht diesem Bild. Die Welt ist das, wofür **wir sie** halten. Im magischen Weltbild kommt der Betrachter, das Bewußtsein mit ins Spiel. Die Welt ist nicht einfach eine starre Größe, sie ist beeinflußt und deshalb abhängig vom subjektiven Bewußtsein, von der persönlichen Erwartung und Einstellung des Betrachters.

Auch die Naturwissenschaften haben in der Zwischenzeit herausgefunden, daß die Resultate ihrer Experimente abhängig sind von der Einstellung und Erwartung der Forscher. So können kleinste Teilchen mal als Materie, mal als Energie wahrgenommen werden. Wirklich festlegen lassen sie sich nicht, sie verhalten sich gemäß den jeweiligen Erwartungen der Forscher.

Für uns heißt das: Die Welt ist so, wie wir sie sehen, mal rosarot, dann wieder grau, ganz so, wie wir uns eben fühlen. Dieses Prinzip ist so weitreichend, daß es sich lohnen würde, allein darüber ein ganzes Buch zu schreiben.

Für den Schamanen besteht die große Kunst des Lebens darin, die Welt so zu sehen, wie er sie haben möchte. Die wahre Kunst hierbei ist das Sehen, das Sich-vorstellen-Können. Die Welt wird sich dann entsprechend verhalten und das hervorbringen, was wir in ihr sehen und von ihr erwarten.

4. **Die Wirklichkeit ist grenzenlos.**

Das Selbst, das Universum, das, was wirklich ist, ist grenzenlos. Das ist die einzige endgültige Wahrheit. Vor dem Hintergrund dieser Grenzenlosigkeit sind alle Wahrheiten relativ und alle Abgrenzungen und Systeme völlig willkürlich, sie dienen einzig und allein dem Zweck, das Große Ganze irgendwie zu strukturieren, um es besser erfahrbar – beziehungsweise überhaupt erfahrbar – und vergleichbar zu machen. Alle religiösen und gesellschaftlichen Systeme dienen letztlich diesem Zweck. Sie haben ihre Berechtigung darin, daß sie das Universum erfahrbar machen und dem Dasein eine Struktur geben. Sie sind relativ wahr, nicht absolut wahr. Sie sind wahr, solange man sich innerhalb ihrer Realität, ihrer Grenzen, bewegt. Da es uns nicht möglich ist, das Universum außerhalb aller Systeme zu erfahren, haben sie durchaus ihre Nützlichkeit.

Alles, was wir uns in unseren Gedanken vorstellen können, ist möglich. Die einzigen Grenzen in unserem Leben sind jene, die wir uns von innen heraus, von unseren Überzeugungen und unserem Vorstellungsvermögen her selber setzen.

5. Bewußtsein und Energie sind untrennbar miteinander verbunden

Wo Bewußtsein ist, ist Energie, und wo Energie ist, ist Bewußtsein. Bewußtsein und Energie gehören zusammen wie die zwei Seiten einer Medaille. Dabei lenkt das Bewußtsein die Energie und gestaltet sie entsprechend den Bewußtseinsinhalten.

Dies ist in meinen Augen ein sehr wichtiges Gesetz.

„Unsere einzige Freiheit ist die, zu bestimmen, worauf wir unsere Aufmerksamkeit richten wollen“, sagt Samarpan Golden. Dieses Ausrichten unseres Fokus, des Strahles unserer Aufmerksamkeit, ist das A und O aller Entwicklung und allen Geschehens.

Worauf richten wir unsere Aufmerksamkeit? Was wählen wir aus von der ganzen grenzenlosen Fülle des Universums? Welche Wahl treffen wir in diesem immensen kosmischen Warenhaus? Was denken wir den ganzen Tag?

Womit befassen wir uns? Darin allein besteht unser schöpferischer Beitrag. In dieser Wahl, in diesem Fokussieren. Dann folgt „die Energie“ der Aufmerksamkeit.

Die gesamten Kräfte des Universums bewegen sich in Richtung unserer Wahl. Wir, das heißt unser Bewußtsein, geben nur die Richtung an, die Energie fließt von selbst. Bewußtsein und Energie, der männliche und der weibliche Pol der schöpferischen Urkraft (Shiva und Shakti nennen sie die alten Inder), bedingen sich gegenseitig, sie sind ein Liebespaar und nicht voneinander zu trennen. Wo Bewußtsein ist, da ist Energie, wo Energie ist, da ist Bewußtsein. Bewußtsein, der Fokus der Aufmerksamkeit, lenkt die Energie.

Alles, worauf wir uns konzentrieren, worauf wir, bewußt oder unbewußt, fokussieren, dem verleihen wir Energie. So bestimmen wir unser Leben, unser „Schicksal“ auf der Grundlage unserer Aufmerksamkeitsgewohnheiten. Um etwas in unserem Leben zu ändern, müssen wir unsere Aufmerksamkeit in eine andere Richtung lenken.

6. Alles ist jetzt, jetzt ist alles

Natürlich gibt es auch ein Postulat bezüglich

der Zeit, auch ein ganz wichtiges. **Jetzt** ist die einzige Zeit, die zählt. Es gibt immer nur jetzt. Selbst die Erinnerungen der Vergangenheit sind jetzt, genauso wie die Bilder, die wir von der Zukunft haben, jetzt sind. Darin liegt unglaublich viel begründet:

Die Vergangenheit an sich gibt es nicht. Die Vergangenheit gibt es nur so, wie wir sie jetzt und heute sehen. Alles Erinnern und das Verändern der Erinnerung findet in der Gegenwart statt.

Eine Zukunft an sich gibt es genauso wenig. Alles zukünftige Geschehen und alles Verändern des zukünftigen Geschehens findet in der Gegenwart statt, entsprechend unseren jetzigen Gedanken, Träumen und Vorstellungen.

Jetzt ist die einzige Zeit, die ist – wir werden nie in einer anderen Zeit leben als im Jetzt. Und dieses Jetzt ist Ansatzpunkt und Ausgangspunkt aller Kraft und aller Macht, über die wir verfügen.

Ein Schamane ist somit nie Opfer irgendwelcher Ereignisse der Vergangenheit. Das Leben ist immer jetzt. Gegebenheiten sind immer jetzt. Umstände sind immer jetzt. Sind sie gut, werden sie freudig genossen, sind sie schlecht, werden sie umgehend geändert. Wow!

7. Liebe ist die stärkste Kraft

Liebe ist die treibende Kraft des Universums, dies gilt in allen Religionen der Welt. Wie ist das zu verstehen?

Ich muß Ihnen sagen, ohne die gütige Hilfe der hawaiianischen Huna-Philosophie würde ich dies wohl heute noch nicht verstehen.

In meiner katholischen Tradition haben wir als Kinder gelernt, daß wir lieben müssen.

Wir müßten alles lieben, wurden wir gelehrt: Kinder, die wir nicht mochten, Speisen, die uns zuwider waren, Hausaufgaben, wenn wir lieber gespielt hätten, Lehrer, die uns drangsalierten, Kleider von Geschwistern, die uns nicht standen, Arbeiten, die wir haßten, und vieles mehr. Der Glaube verlangte von uns, alles zu lieben, sonst würden wir nicht in den Himmel kommen. Auch wenn ich mir Mühe gab, es gelang mir nie, zufriedenstellend zu lieben. War ich falsch, oder war an diesem System irgend etwas falsch?

Die Hawaiianer sagen, Liebe ist, wenn man glücklich ist. Entweder, man ist glücklich, oder man ist es nicht. Entweder ist Liebe da oder nicht. Man kann sich nicht zwingen, glücklich zu sein. Entweder man ist es, oder man ist es nicht.

Wenn Liebe die treibende Kraft ist, dann werden wir von Natur aus zu dem hintendieren, was wir lieben, was wir gerne tun, was uns Freude macht. Wir werden uns eine Realität schaffen, in der wir glücklich sind. Unsere Aufmerksamkeit geht hin zu dem, was uns interessiert, was uns erfüllt, was wir gerne tun, was wir lieben. Bei jedem unverdorbenen Kind geschieht das noch ganz von selbst. Von Natur aus zieht uns das an, was uns gefällt, was uns interessiert und begeistert. So fließt das Leben automatisch in die richtige Richtung. Das ist Liebe: wenn unsere Energie in die richtige Richtung fließt.

Wenn wir gelernt haben, uns an dem zu orientieren, was uns nicht glücklich macht, dann ist es höchste Zeit umzulernen. Liebe sollte unser Maßstab sein. Leben wir ein glückliches, erfülltes Leben! Alles andere ergibt sich dann von selbst.

8. Der Urgrund unseres Lebens ist innen in uns drin

Da unser Bewußtsein unsere Welt gestaltet und die Welt so ist, wie wir sie sehen, und da Jetzt die einzige Zeit ist, die es gibt, verfügen wir in uns über all die Instrumente, die nötig sind, um unsere persönliche Realität nach unseren Wünschen und Vorstellungen zu gestalten. Die Macht ist nicht irgendwo draußen, sondern liegt in uns selbst, in unserem Bewußtsein und im Lenken unserer Absicht. Hier können wir schalten und walten, wie es uns beliebt, hier ist die Schaltzentrale allen Geschehens. Hier wird Regie geführt und entschieden, was sich auf der Leinwand der Wirklichkeit als unsere persönliche Realität abspielen soll.

Hier wird auch entschieden, wenn Macht abgegeben wird, wenn Sie jemandem erlauben, über Sie zu verfügen. Hier wird auch entschieden, wenn Sie diese Macht wieder zurücknehmen wollen.

9. Wir Menschen sind hier, um unser göttliches Erbe in Besitz zu nehmen

Wir sind hier um zu erkennen, daß wir Mitschöpfer und Mitgestalter des Universums und unserer persönlichen Realität sind. Wir sind hier, um uns zu ent-wickeln und unser (noch eingewickeltes) Bewußtsein zu entfalten. Unsere Schwierigkeiten sind nichts anderes als Herausforderungen und Möglichkeiten, unsere Fähigkeiten zu erproben und zu verbessern.

10. Wahr ist alles, was funktioniert

Wirklich wahr ist nur die Wirklichkeit, jede andere Wahrheit ist relativ. Jedes System ist willkürlich, aber in seiner Willkürlichkeit relativ wahr. Dabei ist das Maß der Wahrheit, wie gut ein System funktioniert. Für den Schamanen ist alles wahr, was funktioniert.

Akupunktur ist ein willkürliches System, aber es ist wahr, weil es funktioniert. Bachblüten sind ein willkürliches System, aber sie funktionieren, sind also wahr. Die Newtonsche Physik ist wahr, weil sie, in einem bestimmten Rahmen, funktioniert. Die Freudsche Psychologie ist ebenfalls wahr, wenn sie vor einem bestimmten Hintergrund und im richtigen Zusammenhang gesehen wird.

Es ist aus diesem Grund müßig, über die Wahrhaftigkeit von Systemen und Theorien zu streiten. Wir brauchen nur zu schauen, wie gut sie funktionieren, das ist alles.

Alles, was funktioniert, ist wahr. Wenn es funktioniert, ist es wahr, Sie brauchen es nicht weiter zu erklären. Vielleicht haben Sie Ihr ganz eigenes Heilsystem. Wenn es funktioniert, ist es wahr. Sie können eine Schule gründen und Ihr Wissen an Personen vermitteln, für die es ebenfalls funktioniert.

Im Zusammenhang mit dem Irakkrieg haben wir – wieder einmal – gesehen, daß sich Machthaber und Politiker gerne dieser Maxime bedienen. Wahrheit ist nicht absolut, wahr ist, was man dem Wähler und Bürger wirksam verkaufen kann.

Für alle, die auf „**die** Wahrheit" hoffen, ist dies eine bittere Enttäuschung. Aber wir können uns eine machtvolle Wahrheit schaffen, die dem entspricht, was wir uns zutiefst vom Leben und von der menschlichen Gesellschaft wünschen. Wir brauchen nur den Fokus unserer Aufmerksamkeit in die entsprechende Richtung zu lenken!

Und jetzt?

Wenn alle Macht und alle Kraft jetzt aus dem Inneren kommt und mein Sehen und Erwarten die Welt ständig neu gestaltet, dann heißt das …

- daß ich in jedem Augenblick meine Welt, meine persönliche Realität neu gestalte – und vor allem: neu gestalten kann!
- daß ich alles, was mir nicht paßt oder nicht gefällt oder mir nicht gut tut, sofort und jederzeit ändern kann.
- daß ich nicht das Opfer bin von irgend etwas, das mir in der Vergangenheit passiert oder widerfahren ist.
- daß ich nicht Opfer bin von dem, was ich selbst in der Vergangenheit gedacht, getan oder unterlassen habe.
- daß sich – oder besser: daß ICH mit meiner Erfahrung auch mein Umfeld jederzeit ändern kann.
- daß ich auch meinen Körperausdruck, mein Wohlbefinden und meine Gesundheit jederzeit ändern kann.
- daß ich, indem ich mich auf das Gewünschte konzentriere, dieses jederzeit in Erscheinung rufen kann.

- daß ich nichts als gegeben hinzunehmen brauche, außer ich entscheide mich bewußt, so zu tun.
- und vieles mehr.

Und genau darum geht es in diesem Buch. Da das schamanische Weltbild vor allem auf die Praxis des Lebens ausgerichtet ist, spare ich mir allzu viele theoretische Erklärungen. Ich hoffe, all die Beispiele in diesem Buch genügen, um Sie zu begeistern und zu inspirieren, dieses Wissen für sich selbst zu nutzen und Ihr Leben nach Ihren Wünschen und zu Ihren Gunsten zu gestalten.

Welches Ich, welche Welt?

Wenn ich nicht auf eine bestimmte persönliche Realität festgelegt bin, wenn mir vielmehr eine unbegrenzte Anzahl von Möglichkeiten zur Verfügung steht, dann kann ich ja wählen, welche von diesen Möglichkeiten ich verwirklichen will. Nichts muß sein, es sei denn, ich beschließe bewußt, es nicht zu verändern.

- Wenn ich Kopfschmerzen habe, dann kann sich das ändern.
- Wenn ich die Welt als „schlecht" erlebe, kann sich das ändern.
- Wenn das Wetter nicht meinen Vorstellungen entspricht, kann sich das ändern.
- Wenn sich der Ehepartner nicht so verhält, wie man das gerne hätte, kann sich das ändern.
- Wenn plötzlich Widerstände da sind, die einem das Erreichen eines Zieles erschweren, kann man das ändern.
- Wenn elektronische Geräte plötzlich „spinnen", kann man das ändern.

Das „Ich“ ist niemals abgeschlossen und perfekt, die Welt nie fertig und endgültig entwickelt. Alles ist in einem immerwährenden Prozeß des Werdens begriffen, und dieser Prozeß ist **nicht** unabhängig von unserem Bewußtsein. Vielmehr ist unser Bewußtsein, beziehungsweise der Fokus oder Ausrichtungs-Brennpunkt unseres Bewußtseins der **entscheidende Faktor** der kreativen Ausgestaltung dieses Prozesses.

Gelernt haben wir allerdings etwas ganz anderes. Wir erachten Schicksal als etwas, das uns vom Leben geschickt wird, von Gott angeordnet gar, als ein – meist leidvoller – Vorgang, in den wir uns halt schicken.

Ganz falsch ist das nicht. Was ist, ist ja schon da, da können wir nichts mehr dran ändern. Da müssen wir uns dreinschicken. Aber im gleichen Moment können wir unseren Bewußtseinsfokus auf ein mehr erwünschtes Ich, auf eine mehr erwünschte Welt ausrichten. Damit schicken wir die Realität sozusagen zurück an den Absender und bestellen ein neues Angebot. Als ob wir die Bestellung vom Versandhaus retournieren würden mit dem Vermerk: „Ich möchte doch nicht die rote lange Hose, sondern lieber die gelbe kurze.“ Die rote ist zwar jetzt da, irgendwie muß ich die auch bestellt haben, doch jetzt weiß ich, daß ich lieber die gelbe will. Also bestelle ich die gelbe, klar und bestimmt.

Welches Ich, welche Welt? Wenn wir uns darauf einlassen, was wir wirklich haben möchten – und zwar in jedem möglichen Augenblick –, dann haben wir ganz schön was zu tun. Da aber immer nur JETZT ist, brauchen wir nur ein Jetzt nach dem anderen zu unseren Gunsten und gemäß unseren Wünschen zu ändern. Schritt für Schritt, Augenblick für Augenblick. Und das sollte doch möglich sein.

Indem wir klein anfangen und Kleinigkeiten ändern – zum Beispiel, daß ein Reißverschluß wieder funktioniert –, erweitern wir unsere Glaubensfähigkeit und unsere schöpferischen Referenzerlebnisse. Wir lernen langsam um, begreifen, daß wir selbst der entscheidende Faktor sind beim Erzeugen und Manifestieren unserer persönlichen Realität. Und je weiter diese Glaubensgrenzen gefaßt sind, um so mehr werden wir selbst für möglich halten, und was wir für möglich halten, das können wir auch angehen. Und dabei gibt es, wie gesagt, keine Grenzen.

Die 3-Schritte-Technik

Natürlich ist die 3-Schritte-Technik nicht neu. Philosophen und Wissenschaftler aller Zeiten haben den 3-Schritte-Weg zum Ziel erkannt. These, Antithese und Synthese sind nur ein Beispiel dafür.

Wenn wir die persönliche Realität verändern wollen, empfiehlt sich folgendes Vorgehen:

1. Schritt: **Den IST-Zustand oder das Problem erkennen und benennen.**

2. Schritt: **Die (Möglichkeit einer) Alternative be-greifen und er-greifen.**

3. Schritt: **Die neue Absicht führt zum Ziel. Das Gewünschte (SOLL) benennen und befehlen.**

1. Den IST-Zustand, das was ist, erkennen und benennen

Das Erkennen und Benennen des Problems ist das A und O der Veränderung jeglicher Realität. Das Erkennen beinhaltet schon das Anerkennen. Und das Annehmen dessen, was ist, ist der erste Schritt zur Veränderung.

Der Punkt der Kraft liegt in der Gegenwart, lautet ein wichtiges schamanisches Gesetz. Nur von diesem Punkt aus, nur in der Gegenwart, können wir überhaupt etwas tun, können wir Änderungen vornehmen. Wenn wir etwas nicht mehr haben wollen, müssen wir es zuerst loslassen, wir müssen Platz schaffen für das Neue. Der Generalschlüssel hierzu lautet: **Wann immer wir etwas Neues erreichen wollen, müssen wir zuerst etwas loslassen.**

Wir können aber nichts loslassen, was wir nicht zuerst angenommen haben. Wir können nur weggeben, was wir haben. Was wir nicht haben, können wir auch nicht weggeben. Deshalb ist das Annehmen so wichtig, darum müssen wir das Kind – das-was-ist – beim Namen nennen und buchstäblich „in die Arme nehmen".

Wenn wir von einem IST-Zustand in einen SOLL-Zustand kommen wollen, dann müssen wir den IST-Zustand zuvor loslassen, sonst kann sich nichts ändern. Und dieses Loslassen ist nur durch Annehmen möglich. Wenn wir etwas, das bereits ist, wegschieben oder verleugnen, dann berauben wir uns der Kraft der Gegenwart. Wir sind dann kraft- und machtlos. Nur in der Gegenwart können wir handeln, nur hier und jetzt können wir etwas tun.

Wegschieben geht nicht, und Wegsehen geht auch nicht. Was ist, geht nicht weg, weil es schon da ist. Was weggeht, ist einzig und allein unsere Kraft und Handlungsvollmacht.

Bei den Anonymen Alkoholikern ist deshalb der erste Schritt die Selbsterkenntnis. Sich einzugestehen: „Ich **bin** Alkoholiker, ich **habe** ein Problem mit dem Alkohol." Ohne diese Erkenntnis können diese Menschen nicht an sich arbeiten, es kann ihnen nicht geholfen werden.

Was bereits **ist**, will angenommen werden. Und in diesem Annehmen liegt die ungeheure Kraft der Gegenwart. Sofort ist alles möglich. Sofort gibt es keine Grenzen mehr. Sofort steht der Himmel, die schöpferische Ebene, weit offen.

Der erste Schritt besteht also im (phänomenologischen) Anerkennen dessen, was ist. Und dies geschieht, indem wir das Kind beim Namen nennen, indem wir das Problem benennen und in Worten ausdrücken:

„Ja, ich habe Kopfschmerzen …“

„Ja, ich habe ein Alkoholproblem …“

„Mein linker Knöchel schmerzt …“

„Mein Reißverschluß klemmt …“

Und vieles mehr.

Was immer es ist, versuchen Sie, es so adäquat wie möglich zu beschreiben. Betrachten Sie das Phänomen, nennen Sie Das-was-Ist beim Namen, erkennen Sie es an. Es ist, als ob Sie zu Dem-was-Ist „Ok“ sagen würden. „Ok, es regnet.“ „Ok, ich habe Kopfweh.“ „Ok, mein Kind hat ein Problem mit den Nebenhöhlen.“

Schieben Sie an dieser Stelle nichts weg, versuchen Sie nicht, etwas zu beschönigen, damit würden Sie sich wieder der Kraft des Augenblicks berauben. Hier geht es nicht darum, was Sie wollen oder sich wünschen. Hier geht es einzig und allein um das, was ist. Jetzt. Mit dem Wunsch sind Sie bereits in der Zukunft, bei dem, was Sie gern hätten, und dort ist keine Kraft. Kraft ist nur hier.

Vielleicht ist das etwas schwierig für „Positiv Denkende“. Hier sind Sie aufgefordert, hinzuschauen, nicht wegzuschauen. Nicht, was man gerne hätte, ist gefragt, nicht die rosarote Brille, sondern Ehrlichkeit. Und Liebe! Liebe zu dem, was ist. Liebe zu dem, was jetzt ist mit mir.

Seth hat in seinem Buch „Die Natur der persönlichen Realität“ ein eigenes Kapitel geschrieben zum Thema: „Selbstbejahung und die Änderung eures Alltagslebens“. Darin heißt es unter anderem: „Ihr könnt Euch nicht selbst lieben und gleichzeitig die Gefühle verabscheuen, die durch Euch hindurchfließen.“

Wir müssen uns bewußt machen, daß wirkliche Selbstbejahung die Annahme all dessen ist, was ist – mit uns und unserem Leben. Nicht irgendwelche schöngeistigen Vorstellungen und Selbstbilder, sondern die Annahme dieses Lebens, das vor uns auf dem Tisch liegt, das sich in unserem Alltag ausdrückt. Es geht darum umzustrukturieren, nicht zu verneinen oder zu verleugnen.

2. Die Möglichkeit einer Alternative begreifen und ergreifen.

Es gibt nur eine Wirklichkeit, aber viele mögliche Realitäten. Es gibt nur ein Leben – im Sinne einer sich manifestierenden, alles umfassenden Energie – aber dieses Leben kann Myriaden von Formen und jeden vorstellbaren Ausdruck annehmen. Vor diesem grenzenlosen Hintergrund mag etwas als wahr erscheinen, aber das Gegenteil ist genauso wahr. Was sein kann, kann sich auch ändern. Was heute so ist, wird morgen anders sein. Die einzige Gewißheit, die wir haben, so heißt es im Tao, ist die der Veränderung. Veränderung ist die einzige Konstante, die es gibt.

Wenn also etwas IST, dann ist das Gegenteil genauso möglich. Es kann auch etwas anderes sein. In dieser Feststellung liegt eine ungeheure Freiheit, die Freiheit unserer Existenz. Nichts ist endgültig, nichts ist gegeben, alles fließt. Panta Rhei.

Das Erkennen der Möglichkeit einer Alternative ist eine wichtige Voraussetzung für das Loslassen. Indem ich mir bewußt mache, daß sich meine jetzige Erfahrung sofort ändern kann, schaffe ich mir ungeheure, grenzenlose Freiheit. Ich bin nicht an ein Schicksal gebunden, nicht an einen unwillkürlichen Prozeß. Was IST, kann sich ändern, jetzt und jederzeit. Es ändert sich sowieso. Warum nicht zu meinen Gunsten?

Ändern ist Loslassen, und Loslassen ist Ändern. Wenn ich bereit bin, das was ist, das Bestehende, das Alte zu ändern, dann bin ich bereit, es loszulassen. Loslassen bedeutet nicht, in sich zusammenzufallen und zu resignieren, im Gegenteil: Ab heute bedeutet loslassen einfach, ES ZU ÄNDERN!

Also können wir sagen: „Ich habe Kopfschmerzen, **und das kann sich ändern** …“

„Ich habe ein Problem mit dem Alkohol, **und das kann sich ändern …“**

„Mein linker Knöchel schmerzt, **und das kann sich ändern …“**

„Mein Reißverschluß klemmt, **und das kann sich ändern …“**

Mit dem Ansprechen dieser Möglichkeit einer Alternative treten wir einen Schritt zur Seite, wir treten bereits aus dem eigentlichen Problemkreis heraus. Wir haben das Problem erkannt und benannt, und jetzt machen wir uns bewußt, daß es zumindest eine Alternative **gibt**. Jetzt sind wir frei zu wählen.

Wenn ich mindestens zwei Möglichkeiten habe, kann ich wählen. Ich kann zurück zum Gewohnten oder vorwärts zu etwas Neuem. Jetzt kann ich wählen und entscheiden, worauf ich meinen Fokus richten will. Und Wille ist ja nichts anderes als die Fähigkeit, Energie dorthin zu lenken, wo man sie haben will.

Damit kommen wir zum dritten Schritt. Diesen machen wir nicht zur Seite, diesmal treten wir nach vorn in den nächsten Augenblick, in unsere Zukunft, wie aus dem Dreieck ersichtlich ist.

3. Die neue Absicht führt zum Ziel: Das Gewünschte (SOLL) benennen und befehlen

Die Möglichkeit einer Alternative eröffnet die Möglichkeit der Wahl. Der dritte Schritt besteht nun darin zu bestimmen, was gewählt werden soll. Wenn A ist und B sein könnte, wie soll denn C sein?!

Oft wissen wir es nicht. Wo wir herkommen, gibt es ein Problem. In den meisten Fällen bestehen Wunsch und Wille darin, daß dieses Problem weggeht, verschwindet, sich auflöst.

Das Problem ist fast immer wie ein Knopf in der Leitung, ein Stau, ein Widerstand. Dieser Knopf in der Leitung verhindert, daß sich das Leben nach seinen besten Möglichkeiten entfaltet. Der Widerstand verhindert freies Fließen.

Sie mögen vielleicht erstaunt sein, daß es so einfach ist, aber in den meisten Fällen genügt es, das Problem verschwinden zu lassen, um den Lebensprozeß sich in der gewünschten Weise fortsetzen zu lassen.

Das Universum ist ungeheuer kreativ, in den meisten Fällen würde es in seiner Kreativität durch unseren Verstand nur eingeschränkt. Indem wir die Steine aus dem Weg räumen, wird der Weg frei für das Beste, was das Leben uns zu bieten hat. Befehlen wir dem „Teufel“, dem Widersacher, zu verschwinden! Dann ist der Weg frei für das Licht, für die Lösung, für die Liebe.

Natürlich können wir das Ziel genau benennen, in den meisten Fällen ergibt sich die Lösung nach dem Auflösen des Widerstandes aber „von selbst“, das heißt, das Leben selbst ist stets lösungsorientiert und schöpferisch.

Daß wir das Ziel befehlen sollen, mag viele befremden. In Tat und Wahrheit ist dies aber ganz wichtig. Ich werde später noch darauf zu sprechen kommen, daß die Wahrscheinlichkeit einer Realitätsveränderung im gewünschten Sinne umso größer ist, je größer die Autorität ist, mit der die 3-Schritte-Technik angewandt und die Anweisungen gesprochen werden.

Die komplette 3-Schritte-Technik sieht nun für die gewählten Beispiele wie folgt aus:

„Ich habe Kopfschmerzen, und das kann sich ändern. Ich will, daß dieses Problem verschwindet.“

„Ich habe ein Problem mit dem Alkohol, und das kann sich ändern. Ich will, daß dieses Problem verschwindet.“

„Mein linker Knöchel schmerzt, und das kann

sich ändern. Ich will, daß dieser Schmerz verschwindet."

„Mein Reißverschluß klemmt, und das kann sich ändern. Ich will, daß dieses Problem verschwindet."

Da die Energie der Aufmerksamkeit folgt, fließt Energie, die ganze schöpferische Energie des Universums, in Richtung einer Lösung des angesprochenen Problems. Weil das Universum selbst die beste Lösung kennt, wird es diese auf direktem Weg ansteuern und manifestieren. So funktioniert die Mechanik des Universums.

Das Ritual der Verankerung

Unsere Überzeugungen, Glaubenssätze und Verhaltenseinstellungen sind in unserem Unterbewußtsein einprogrammiert und abgespeichert. Sie alle bilden den Rahmen für die Schöpfung und Erschaffung unserer persönlichen Realität, welche innerhalb der durch sie gegebenen Grenzen stattfindet.

Wenn nun diese Grenzen erweitert werden wollen, wenn also Überzeugungen und Verhalten verändert werden sollen, dann ist das einerseits sehr einfach, andererseits aber auch etwas anspruchsvoll. Einerseits braucht es lediglich klare neue Anweisungen, was Überzeugungen und Verhalten anbetrifft. Im Normalfall werden diese Anweisungen vom Unterbewußtsein übernommen und ausgeführt. Der etwas schwierigere Teil besteht darin, das Unterbewußtsein zu überzeugen, die neuen Programmierungen wirklich anzunehmen, abzuspeichern und an Stelle der alten Inhalte zu verwenden. Ob dies gelingt, ist im wesentlichen eine Frage der Autorität, mit welcher die neuen Überzeugungen und Verhaltensweisen angeordnet, befohlen und implantiert werden.

Um die Nachhaltigkeit dieser Anordnungen zu verstärken, werden sie mit Vorliebe in ein Ritual beziehungsweise eine rituelle Handlung eingepackt. Sämtliche Religionen der Welt operieren nach diesem Muster. Sie sind voll von rituellem Geschehen. Alle Mitteilungen und Anweisungen werden von einem Ritual begleitet, das dazu dient, dem Unterbewußtsein Eindruck zu machen. Dadurch werden die Anweisungen ins Unterbewußtsein „hineingedrückt", betont, mit Nachdruck versehen, oder, wie die moderne Psychologie es ausdrückt, verankert. Je klarer und eindrücklicher das Ritual ist, desto besser gelingen die Verankerung und damit die Änderung von Einstellung und Verhalten.

Schon seit den Versuchen von Pawlow mit seinen Hunden, spätestens aber seit NLP (neurolinguistisches Programmieren) wissen Psychologie und Verhaltenstherapie von der Wichtigkeit, neue Verhaltensanweisungen mit einem sogenannten „Anker" zu versehen.

Ein Anker ist nichts anderes als ein Begleitritual zu neuen Anweisungen, die dadurch besser gemerkt und verinnerlicht werden, sowohl von Menschen als auch etwa von Tieren.

Unter vielen anderen wissenschaftlichen Traditionen haben sich auch die hawaiianischen Schamanen mit dem Thema der Einstellungsänderung befaßt. Hier ist der Zugang zum Körperselbst/ Unterbewußtsein (KU) ein Schlüsselthema, dem viel Raum und Zeit gewidmet wird. Die Hawaiianer haben erkannt, daß unser Zugang zur Welt um uns herum, zu den anderen Menschen und zum ganzen schöpferischen Universum über das KU läuft. Aus diesem Grund ist eine Übereinstimmung von Wachbewußtsein und Unterbewußtsein von größter Wichtigkeit für das Verändern jedweder Realität. Wenn eine solche Übereinstimmung nicht vorliegt, blockiert das KU die Umsetzung der Ziele, Wünsche und Aspirationen des bewußten Intellekts, unserer bewußten Gedanken und Gefühle.

Erfolg,
weil Übereinstimmung,

Kein Erfolg, weil
keine Übereinstimmung,

Die alten Weisen haben erkannt, daß das KU bewußt geführt und gesteuert werden muß, da es alle Anweisungen, die es erhält, wortgetreu ausführt. Im Idealfall erhält es diese Anweisungen vom bewußten Intellekt (im hawaiianischen Sprachgebrauch Lono oder Mittleres Selbst genannt), diese können aber auch aus anderen Quellen stammen, die Autorität ausstrahlen oder dereinst ausgestrahlt haben: Eltern, Lehrer, Bücher, Fernsehen und so weiter. Wem oder was immer Autorität eingeräumt wird, dessen Anweisungen werden prompt und wörtlich befolgt. Im Konfliktfall gewinnt die stärkere Autorität.

Da das KU auch für unser Gedächtnis zuständig ist, sind uns diese Autoritäten und ihre Anweisungen oft nicht bewußt, oder besser gesagt: längst nicht mehr bewußt. Das KU hat sie einmal akzeptiert und installiert, danach werden sie oft nicht mehr in Frage gestellt, sondern blindlings befolgt. Erst wenn die alten Überzeugungen bewußt durch neue und stärkere Anweisungen ersetzt werden, nimmt das KU diese in sein Repertoire auf und schafft ihnen entsprechend eine neue persönliche Erfahrungsrealität.

Es ist diesem – wenn nicht bewußten, dann sehr trägen – Mechanismus zuzuschreiben, daß sich im Laufe der Lebenszeit eines Menschen im

Grunde doch so wenig ändert. Sind die Positionen einmal bezogen, wird ihnen entsprechend gehandelt und manifestiert, vielleicht auch gejammert über die begrenzten Aussichten, aber die bezogenen Positionen und Überzeugungen haben eben Hintergrundcharakter, es sind die Axiome, vor deren Hintergrund der Lebensfilm abläuft.

Wie gesagt: Die beste Möglichkeit, eine neue Absicht im Unterbewußtsein zu verankern, ist, sie in ein wirkungsvolles und doch einfaches Ritual einzukleiden. Da wir wissen, daß uns Tag für Tag etwa 50.000 Gedanken durch den Kopf gehen, ist es wichtig, dem Unterbewußtsein anzuzeigen, daß jetzt etwas Besonderes kommt, das sich vom „Gewäsch" des Alltags abhebt und unterscheidet. Wir bitten um Aufmerksamkeit. Dann erst folgt die Erklärung der neuen Absicht als Anweisung ans Unterbewußtsein.

Nebst NLP gibt es verschiedene mehr oder weniger bekannte Ritualtechniken, um eine neue Absicht im Unterbewußtsein einzuspeisen, wie zum Beispiel die „Emotional Freedom Technique" (EFT) von Gary Craig, die „Dynamind Technik" von Dr. Serge Kahili King oder die „Temporal Tap Technik" von Dr. Larry Nims. Der Aufbau der Rituale unterscheidet sich zwar in einigen Punkten, nicht aber im wesentlichen voneinander. Wichtig ist bei allen Techniken, daß die Aufmerksamkeit des Unterbewußtseins erlangt und damit die Veränderung der Absicht erfolgreich verankert wird.

Nun verrate ich Ihnen, mit welchem einfachen und doch einprägsamen Ritual ich selbst die angestrebten Änderungen in mir verankere.

Das Ritual:

1. Wenn ich eine unangenehme und/oder unerwünschte Realität verändern will, dann fasse ich mir als erstes mit Daumen und Zeigefinger einer Hand an meine Nase oder an den oberen Rand eines Ohres und ziehe daran – mal leichter, mal etwas kräftiger, je nachdem wie sehr ich mein KU auf die bevorstehende Änderung hinweisen will. Dies ist eine natürliche Geste zum Nachdenken und Innehalten.

   Ich nehme mich bei der Nase oder beim Ohr, fast so wie in früheren Tagen ein Lehrer seinen Schüler. Damit signalisiere ich meinem Unterbewußtsein: „Halt, da läuft etwas schief, da muß etwas geschehen. Da will ich etwas ändern!“

2. Nun führe ich meine beiden Hände zusammen wie beim Gebet oder beim Meditieren. Dies ist – auch in vielen Religionen – eine Geste der Sammlung, der besonderen Aufmerksamkeit, die ich damit von meinem Unterbewußtsein einfordere.

   Es bedeutet: „Achtung, jetzt kommt eine wichtige Durchsage, die ab sofort gilt. Die Anweisung soll befolgt und ausgeführt werden!“

3. Dann folgen die drei Schritte des verbalen Statements, wie sie in der 3-Schritte-Technik dargelegt sind.

4. Jetzt kommt der besondere Anker. Dafür klopfe ich mit den Fingern (meist Zeigefinger und Mittelfinger) einer Hand auf mein Brustbein.

   Wenn wir „Ich“ sagen und mit dem Finger auf uns selbst zeigen, dann zeigen wir genau auf diesen Punkt. Hier sitzt unser „Ich bin“, unser schöpferisches Ich-Bewußtsein. Und dieses aktiviere ich mit dem mehrmaligen, leichten Klopfen.

   Anschließend klopfe ich ebenso leicht ein paar Mal auf meine Stirn direkt über den Augen, um dadurch die Kraft des bewußten Denkens zu aktivieren.

Schließlich klopfe ich noch leicht auf den Scheitelpunkt meines Kopfes, um damit die Verbindung mit dem schöpferischen Geist anzutippen.

5. Nun schließe ich das Ritual mit einem tiefen Atemzug ab. Beim Einatmen lenke ich meine Aufmerksamkeit in den Raum über mir, den Himmel, die kausale schöpferische Ebene. Beim Ausatmen lenke ich die Aufmerksamkeit in den Raum unter mir, die Erde. Damit signalisiere ich, daß ich jetzt etwas Neues in Erscheinung treten lasse, daß ich etwas Neues manifestieren und „vom Himmel" – aus dem Geist – auf die Erde bringen will.

Damit ist der Veränderungsvorgang abgeschlossen. Die Absicht der Veränderung, des Neuen, ist nun fest verankert im Unterbewußtsein – und damit im Universum.

Wie gesagt, ich habe mit diesem Ritual sehr gute Erfahrungen gemacht, es stellt für mich einen wichtigen Teil des „Änderns" dar. Durch das einprägsame Ritual hebt sich die neue Absichtserklärung klar vom Geschwätz des Tages ab, und das ist wichtig, wenn wir unsere eigene Autorität gegenüber unserem Unterbewußtsein etablieren und festigen wollen!

Natürlich sind die Elemente dieses Rituals völlig willkürlich, wie alle schamanischen Systeme. Sie könnten auch ganz anders aussehen, wie zum Beispiel beim so genannten „Temporal Tap" von Dr. Larry Nims, wo sich die Klopfpunkte an den Schläfen befinden und sich über die Ohren hinziehen (um damit die Gehirnlappen anzuregen).

Wichtig ist einfach, daß es funktioniert. Und es funktioniert, wenn Sie Ihre neuen Absichtserklärungen in ein Ritual einpacken, damit Ihr Unterbewußtsein in der Lage ist, die Wichtigkeit der neuen Anordnungen zu erkennen.

Ich empfehle Ihnen deshalb dringend, die 3-Schritte-Verbalisierungen in ein solches Ritual einzubinden, um sie zu verstärken und bleibend zu verankern.

Wunderbar ist es natürlich, wenn Sie Ihr eigenes Ritual festlegen, mit Schritten, die Ihnen wichtig sind. Wenn Sie dies tun und Ihnen Ihr Ritual gefällt, dann behalten Sie es bei, verändern Sie es nicht mehr. Es ist wichtig, daß Ihr Unterbewußtsein weiß, wann und wie die Ansage erfolgt und mit welchen Schritten der Anker gesetzt wird.

Wenn etwas verändert ist: Was immer als Nächstes kommt, wird mit einem eigenen Ritual wieder verankert.

Als ich diesen Abschnitt meiner Frau zum Lesen gab, sagte sie: „Aber oft funktioniert es auch ganz ohne Ritual. Ich brauche die drei Schritte nur im Kopf zu formulieren und meine Absicht zu bekräftigen, und schon geschieht alles nach meinen Wünschen.“ Das stimmt.

Manchmal geht es ganz schnell. Wenn es pressiert, denken wir oft nur „Ändern!“, und schon ist die Veränderung vollzogen. Das ist ein tolles Spiel, das wir gerne spielen, und wir sind schon recht gut dabei. Manchmal verändern wir Situationen nur so zum Spaß, um zu erleben, wie es funktioniert. Und mit jedem Erfolgserlebnis wird die Sicherheit größer. Wir wagen uns an neue Themen oder Bereiche, bei denen wir vielleicht bisher überzeugt waren, daß „man da nichts machen kann“. So erweitern wir fast täglich die Grenzen unserer Glaubensfähigkeit. Es ist ein faszinierendes Spiel. Natürlich gibt es immer noch Bereiche, wo wir stillschweigend akzeptieren, daß es Grenzen gibt. Aber vielleicht sprengen wir auch die eines Tages.

Dem Neueinsteiger empfehle ich jedoch nochmals die regelmäßige Durchführung eines Rituals, das die 3-Schritte-Anweisungen dem Unterbewußtsein einprägen und verankern hilft. Jeder spürt dann selbst, wenn sein KU beginnt mitzuspielen und die geäußerten Veränderungswünsche sofort und ohne Wenn und Aber umgesetzt werden. Oder sie werden gar antizipiert und ohne ausdrücklichen verbalen Befehl manifestiert. Am Ende dieses Prozesses wird Ihre alleinige Absicht genügen, um etwas zu manifestieren oder eine Veränderung der Realität vorzunehmen.

Mit diesem Wissen haben Sie Ihre Spielbox immer und überall dabei. Ich wünsche Ihnen viel Spaß und Erfolg beim Experimentieren. Mit der Zeit werden Sie so viel Souveränität und Autorität erlangt haben, daß Sie spüren, daß Sie ein Gott oder eine Göttin sind, die in einem irdischen Körper eine irdische Erfahrung machen. Und Sie werden Ihr geistiges Erbe für immer in Ihrem Besitz behalten.

Die Anatomie einer Veränderung

Eine Veränderung setzt sich aus mehreren Komponenten zusammen, die ich in verschiedene Schritte gliedere.

1. Bewußtsein
2. Der Kraftpunkt als Knackpunkt
3. Ändern: Die neue Absicht
4. Die Änderung verankern

Bewußtsein

Die erste Voraussetzung für eine Änderung der Erfahrung ist das Bewußtsein, daß dies erwünscht und möglich ist. Das Leben ist zwar gottgegeben, nicht aber seine Erscheinungsform. Diese ist formbar, veränderbar, variabel, wie ich im Kapitel Realität und Wirklichkeit weiter erläutere.
Die Schwierigkeit für viele Menschen ist, daß sie gelernt haben, das Leben so zu nehmen, wie es ihnen begegnet; nicht, es gestalten zu wollen, sich nicht zuzutrauen, das Heft selbst in die Hand zu nehmen.

Natürlich ist das Akzeptieren dessen, was ist, ein ganz wichtiger Punkt des Veränderungsprozesses. Das Akzeptieren dessen, was jetzt ist, ist gar der Knackpunkt der ganzen Angelegenheit. Doch dazu kommen wir erst später.

Wir müssen also **verändern wollen <u>und</u> akzeptieren** gleichermaßen.

Doch erst einmal zum Bewußtsein, daß wir etwas verändern können oder sollen!

Das einzige, was wir vom Leben mit Sicherheit wissen, ist, daß es sich permanent und fortwährend verändert. Nichts bleibt so, wie es ist oder war. Alles ist in einer fortwährenden und immer dauernden Veränderung begriffen. Alles kommt und geht, nichts bleibt.

Da sich ohnehin ständig alles verändert und weiterentwickelt, und da wir wissen, daß unsere Gedanken und Gefühle, unsere Einstellungen und Überzeugungen maßgeblich zu diesem andauernden Schöpfungs- und Veränderungsprozeß beitragen – warum sollten wir dann unsere schöpferischen Kräfte nicht dahingehend einsetzen, diese kontinuierliche Veränderung zu unseren Gunsten zu lenken?!

Wir sind Schöpfer, wir haben diese göttliche Gabe, unsere Realität zu bestimmen und zu beeinflussen, das wissen wir seit Jahrhunderten und Jahrtausenden. Darum beten wir, meditieren wir, denken wir nach.

Wir wollen die Welt nicht einfach sich selbst überlassen, wir wollen unsere Verantwortung, unseren Teil übernehmen und zum Guten wenden, was uns möglich ist.

Möglichkeiten der Veränderung zu sehen, sie ins Bewußtsein zu nehmen, bedeutet auch, nicht weiter zu klagen, sich nicht weiter zu beschweren, nicht andere für sein Los verantwortlich zu machen, nicht Eltern, nicht Karma, nicht Politiker. Es bedeutet die Freiheit voranzugehen, das eigene Leben in die Hand zu nehmen und zu seinem Wohl zu gestalten. Es bedeutet, Möglichkeiten zu sehen, das Gute zu verwirklichen. Es bedeutet, das Gute zu sehen, sehen zu wollen, und es anzugehen. Es bedeutet eine Absage an Schwarzseherei, an Resignation und schicksalhafte Ergebenheit.

Dies ist das Bewußtsein der Eigenverantwortlichkeit, und es bedeutet, die eigenen, grenzenlosen Möglichkeiten in Besitz zu nehmen. Es bedeutet zu wissen! Und wenn wir wissen, werden wir tun.

Der Kraftpunkt als Knackpunkt

„Jetzt" ist der Punkt der Kraft, „jetzt" ist der Augenblick der Macht. Jetzt ist die einzige Zeit, die wirklich existiert, und nur im Jetzt haben wir Zugang zur Veränderung. Jetzt ist die einzige Zeit, in der ich tatsächlich etwas machen kann.

Das Tor zur Veränderung ist das Jetzt, besser gesagt: Das-was-jetzt-Ist. Was jetzt ist, ist schon da, wir können es nicht wegschieben, da es sich bereits manifestiert hat. Es ist. Wir können es nur annehmen. Und mit diesem Annehmen dessen, was jetzt ist, springen wir sozusagen auf den Zug des schöpferischen Prozesses auf. Wir verbinden uns mit diesem Vorgang (der gegenwärtigen Schöpfung), wir gehen mit ihm, tunen uns ein, wir wenden uns nicht dagegen. Wenn wir uns eingetunt haben, wenn wir sozusagen auf dem gleichen Pferd sitzen und in die gleiche Richtung ziehen, dann erst können wir unsere Veränderungswünsche einbringen. Als Teil des schöpferischen Prozesses haben wir teil an der Gestaltung dessen, was als nächstes kommt.

Die Gegenwart ist der Knackpunkt. Warum? Viele Menschen wollen nichts weiter als das weghaben, was gerade ist. Nur weg mit Schmerz, Leid, Unzulänglichkeit, Versagen und all den schwierigen und mühsamen Realitäten, die es sonst noch so gibt. Einfach weg! Sie wollen sich nicht annehmen, ihre Situation nicht, die Umstände nicht, ihre Gefühle nicht und ihre Gedanken nicht.

Aber dann bleibt nichts zurück – die ganze Gegenwart ist weg, denn die Gegenwart besteht aus all diesen Dingen. Und wenn die Gegenwart weg ist, ist auch der Kraftpunkt weg. Es gibt nichts, wo man ansetzen könnte. Die ganze Aufmerksamkeit ist in der Zukunft, wo man gerne sein möchte, aber nicht ist, oder in der Vergangenheit, wohin man gern zurückkehren möchte, aber wo man genauso wenig mehr ist.

Die Kraft, die Energie des Lebens ist einzig und allein in der Gegenwart. Wir müssen durch dieses Nadelöhr hindurchgehen, da führt kein Weg dran vorbei.

Wenn ich nicht weiß, was (jetzt) ist, weiß ich nicht, was ich verändern will. Wenn ich verdränge, was ist, weiß ich auch nicht, was ich verändern soll, denn es gibt keinen Grund für eine Veränderung.

Zu sehen, was ist, und es anzunehmen, bedeutet ja nicht, es gutzuheißen. Es bedeutet wirklich nur, es zu sehen und anzunehmen. Und dann, dann können wir es ändern, denn dann, dann haben wir den Schlüssel.

Schmerz, Leid, Unzulänglichkeit, Versagen und all diese Dinge sind ein Teil von uns selbst, sind möglicherweise in unserem Unterbewußtsein gespeichert. Nur durch das Annehmen der jeweiligen Gefühle, Gedanken und Reaktionsmuster können wir den Zugang zu unserem Unterbewußtsein erlangen und dieses zur Kooperation, zur Mitarbeit im Veränderungsprozeß gewinnen. Und ohne diese Mitarbeit können wir das Ganze ohnehin vergessen, da das Unterbewußtsein der Teil von uns ist, der direkten Zugang zum schöpferischen Geschehen hat.

Während beim ersten Punkt – Bewußtsein – das Sehen (von Möglichkeiten) diejenige Fähigkeit ist, die es zu entwickeln gilt, ist hier Achtsamkeit, Wachsamkeit und Wachheit gefragt.

Es bedarf oft großer Achtsamkeit, um überhaupt zu spüren und wahrzunehmen, was jetzt ist, welche Gedanken uns durch den Kopf gehen und welche Gefühle uns beschäftigen. Wir müssen uns da abholen, wo wir sind, bei unseren Ängsten, unserem Widerstand, bei unserer Mühe. Oft sind es versteckte Gedanken und Gefühle, die wir nicht wahrhaben wollen oder die wir tabuisieren, die uns den Schlüssel liefern und uns durchs Nadelöhr der Gegenwart führen.

Wenn wir diese versteckten Gedanken und Gefühle aufnehmen und ansprechen, sind wir plötzlich mittendrin in der Gegenwart und haben teil am schöpferischen Veränderungsprozeß.

Viele der Geschichten in diesem Buch zeigen, wie das Erkennen der tieferen Gedanken und Gefühle oft herausführt aus der Sackgasse einer festgefahrenen unerwünschten Realität. Und sie zeigen auch, wie eine solche Realität gar am Leben gehalten wird durch eben diese tieferen Gedanken und Gefühle.

Sich bewußt zu machen, „ich zerbreche mir den Kopf über …“, und dann zu bestimmen: „und das kann sich ändern“, kann eine Migräne in Sekundenschnelle zum Verschwinden bringen und so eine unangenehme Realität in eine angenehmere verwandeln.

Ändern: Die neue Absicht

Wenn ich im Jetzt bin, wenn ich weiß, was jetzt ist, und es akzeptiere, dann kann ich es verändern. Wenn ich weiß, wo ich stehe, wer ich bin, wo ich bin, brauche ich nur einen Schritt zu machen, zur Seite oder nach vorn, und schon habe ich meine Position verändert. Ich sitze nicht mehr fest, ich habe Bewegung in den Prozeß gebracht. Dieser Veränderungsvorgang ist im Kapitel über die 3-Schritte-Technik näher erläutert. Hier nur ein kurzer Überblick:

Wir werden uns also dessen bewußt, was ist: „Ich habe ein Problem mit …“ Und dann machen wir im Bewußtsein einen Schritt. Indem wir uns sagen „und das kann sich ändern", machen wir uns bewußt, daß diese (problematische) Realität nicht die einzig mögliche ist. Genauso gut ist eine andere vorstellbar. Und wenn **eine** andere möglich ist, dann sind viele andere möglich, auch die, die ich mir wünsche.

Änderung geschieht, indem ich meine Absicht, meine Intention auf Veränderung lenke, auf die Möglichkeit einer anderen Realität. Und da das Leben jederzeit heilend ist, werden seine Energien sofort in Richtung einer Lösung, einer Heilung oder einer Harmonisierung fließen.

Die dem Universum innewohnende Weisheit ist dabei grenzenlos und übersteigt unser Vorstellungsvermögen. Es ist unsere innere Weisheit, die Weisheit des Lebensprozesses selbst, welche die Führung übernimmt und die gewünschte Veränderung herbeiführt. Indem wir unser Bewußtsein in den Punkt der Gegenwart hineinbringen, lassen wir die Essenz unseres Wesens die Führung übernehmen und die passende Lösung herbeiführen.

Die Änderung verankern

„Der Weg zur Erfüllung der Wünsche besteht einfach darin zu wissen, was du willst, und dich würdig zu erachten, es zu erhalten", sagen die alten Weisen.

Erstens geht es also um die Ausrichtung des Bewußtseins, und zweitens darum, wie das Unterbewußtsein mit diesen Anordnungen umgeht. Wenn es sich zum Beispiel nicht für würdig hält, nützen die ganzen Wünsche nichts, sie werden nichts fruchten. Was immer das Unterbewußtsein glaubt und „weiß" ist maßgebend für die Erschaffung jedweder Realität.

Die Kunst hierbei liegt darin, dem Unterbewußtsein mit Autorität mitzuteilen, was es glauben und fühlen soll. Das Unterbewußtsein ist dankbar für Führung, es wartet darauf, geleitet zu werden. Ohne gezielte Führung bringt es stets die alten Überzeugungen und Glaubensvorstellungen hervor, das ewig gleiche Leben, die ewig gleiche Realität.

Wenn wir also etwas verändern wollen, dann hilft es, diese Änderung anzukündigen, das Unterbewußtsein aufmerksam zu machen und die verbale Absicht rituell zu verankern. Da der innere Dialog pausenlos läuft und die Kommunikationskanäle nach innen mit beträchtlichem Müll verstopft sind, sind sowohl Ankündigung wie auch Verankerung wesentliche Bestandteile einer Veränderung.

Ohne diese „flankierenden Maßnahmen“ geht die Botschaft allzu oft verloren, geht unter in der Flut von Gedanken und Selbstgesprächen darüber, was man möchte und sollte. Dadurch ist das Unterbewußtsein stark verunsichert. Von Natur aus tendiert es dazu, jede Anweisung umzusetzen, jede Kursänderung sofort zu vollziehen. Wenn wir dem inneren Geschwätz einmal lauschen, begreifen wir schnell, daß wir unser Unterbewußtsein damit im Kreis herumjagen und völlig verunsichern, bis es förmlich verwirrt ist. Es hat gar nicht mehr Zeit, irgend etwas zu bewerkstelligen, da schnell aufeinander widersprüchliche Anweisungen erfolgen.

Ein Sprechen mit Nachdruck, mit innerer Autorität, eingebettet in ein markantes Ritual, hilft, die Sache wieder zurechtzurücken. Ihr Unterbewußtsein wird Ihnen dankbar sein und die so gemachten Änderungswünsche bevorzugt und mit viel Freude behandeln.

Sie können sich selbst ein Ritual gestalten oder eines übernehmen. Wichtig ist, daß Sie es dann beibehalten und dadurch die Zusammenarbeit mit Ihrem Unterbewußtsein vertiefen.

Als Ankündigung falte ich selbst rituell die Hände, eine Geste der Sammlung und der Konzentration. Für die Verankerung klopfe ich ein paar Mal auf einige Akupressurpunkte und schließe das Ganze mit einer kurzen Tiefenatmung ab.

Ich habe oft versucht, den rituellen Teil wegzulassen, zum Beispiel beim Gehen, aber dann merkte ich, daß das Unterbewußtsein den Anweisungen nicht mit der gleichen Aufmerksamkeit folgte und bei der Umsetzung und dem Verändern der Realität nicht so erfolgreich war. Nehmen Sie deshalb diesen Teil ernst. Zu einem späteren Zeitpunkt werden Sie vielleicht feststellen, daß Sie darauf verzichten können, da nun der „Draht" zu Ihrem Unterbewußtsein so gut etabliert ist, daß sich selbstredend all Ihre Änderungswünsche sofort realisieren und manifestieren.

Eine Frage der Autorität

Warum gehen gewisse Wünsche ohne weiteres in Erfüllung, während sich andere nie verwirklichen? Warum wird Ihnen die eine und andere Realitätsveränderung auf Anhieb gelingen, während Sie bei anderen vielleicht auf Schwierigkeiten stoßen?

Es ist alles eine Frage der Autorität. Es ist von entscheidender Bedeutung, mit welcher Autorität und Überzeugung Sie Ihr Anliegen angehen. Ramtha sagt: „Der Weg zur Erfüllung der Wünsche ist einfach: Zu wissen, was man will, und sich würdig zu erachten, es zu erhalten."

Wenn Sie wissen, was Sie wollen, mit wieviel Autorität kommunizieren Sie dann Ihrem Unterbewußtsein diesen Wunsch, diesen Auftrag?! Hört Ihnen Ihr Unterbewußtsein überhaupt zu? Akzeptiert es Sie als Führer, als Autorität? Glaubt es, daß eine Änderung möglich ist? Und glaubt es, daß Sie eine Änderung zum Besseren überhaupt verdient haben?

All dies sind entscheidende Faktoren für eine erfolgreiche Wunscherfüllung und eine erfolgreiche Realitätsveränderung. Ihr Unterbewußtsein ist die schöpferische Verbindung zum Universum, ohne seine Mitarbeit werden Sie keinen Erfolg haben. Und falls Sie bisher nicht von Erfolg verwöhnt sind, deutet vieles darauf hin, daß eben diese Beziehung mehr oder weniger gestört ist, daß Sie und Ihr Unterbewußtsein nicht am gleichen Strick ziehen.

Indem Sie das in diesem Buch vorgestellte Wissen nutzen, verbessern Sie in erster Linie Ihre Beziehung zu Ihrem Unterbewußtsein und zu Ihrem Körperselbst. Sie werden deren Sprache und Mitteilungen besser verstehen, und indem Sie den gegenwärtigen Moment vermehrt akzeptieren, werden Sie sich auch Ihrem KU (Körperbewußtsein/Unterbewußtsein) vermehrt zuwenden. Dieses wird dadurch lernen, Sie als Autorität anzunehmen und sich Ihren Wünschen gemäß zu verhalten.

Fangen Sie mit kleinen Dingen an, die Sie verändern wollen, Anregungen geben Ihnen die Beispiele in diesem Buch. Mit jedem Erfolgserlebnis vertieft sich die Beziehung zu Ihrem KU, wächst Ihre Glaubensfähigkeit und Ihr Mut. Sie werden sich an größere Veränderungen heranwagen, was Ihnen noch größere Befriedigung und Erfüllung gibt. Ihr KU wird begeistert sein. Es liebt es, zu spielen und seine Fähigkeiten auszuloten. Und

Sie werden so weit gehen können, ein Magier des Universums zu werden.

„Du hast allen Anspruch auf Wunder", heißt es in der Mundaka Upanishade, einem viele tausend Jahre alten indischen Weisheitsbuch. Und der Text fährt fort:

„Aber wenn du sie nicht zuläßt, können sie auch nicht geschehen. Sie geschehen nur, wenn du mitarbeitest."

Erarbeiten Sie sich die Autorität, Wunder über Wunder geschehen zu lassen!

Schlußwort und Danksagung

Danken möchte ich an dieser Stelle allen meinen spirituellen Lehrern in dieser und in der geistigen Welt, die mich zu diesem Buch inspiriert und dazu beigetragen haben.

Dann danke ich meiner Partnerin Ursula und meinen beiden Töchtern Nitya und Mirabai, und natürlich allen Freunden und Bekannten, die mich nicht nur unterstützt, sondern mit ihrem Anwenden der 3-Schritte-Technik ganz wesentlich zu diesem Erfahrungsbericht beigetragen haben.

Im Interesse der Betroffenen habe ich die Namen in den Geschichten geändert.

Damit ist das Abenteuer natürlich nicht zu Ende. Bestimmt werden Sie bald Ihre eigenen Erfolgsgeschichten beisteuern können, und ich würde mich sehr freuen, solche von Ihnen zu vernehmen. Im Internet gibt es mittlerweile in diversen Foren spannende *threads* über beeindruckende Erfahrungen mit der 3-Schritte-Technik. Ich selbst höre gern erfolgreiche „Änderungen», denn diese helfen uns weiterzugehen und die Latte für die eigenen Ansprüche höher zu legen. Dadurch können wir auch eine stärkere Verpflichtung uns selbst gegenüber eingehen.

Jedes Erfolgserlebnis ob von uns selbst oder von anderen steigert unser Vorstellungsvermögen und unsere Glaubensfähigkeit, und dies sind zwei ganz wichtige Komponenten für eine erfolgreiche Realitätsveränderung.

Sie sind ganz herzlich eingeladen, mir Ihre Geschichten per Email oder per Post zuzusenden. Wenn immer möglich werde ich Ihre Anfragen gerne beantworten. Meine Email-Adresse ist:

f.a.koch@koch.cc

Postadresse: TransNavigator GmbH
Postfach 308
CH-6301 Zug/Schweiz

Auf der Website www.transnavigator.ch finden Sie aktuelle Angaben über Bücher, Veranstaltungen, Seminare, Coaching, etc.

Nun wünsche ich Ihnen nochmals viel Erfolg beim Erlangen Ihrer Meisterschaft, Ihre ganz persönliche Realität zu Ihren Gunsten zu verändern.

Alles Liebe und Gute,

Ihr
Franz A. Koch

Bücherkiste

Bücher sind eine wunderbare Sache, eine Fundgrube für allerlei Wissen, für Anregungen und Zerstreuungen. Bücher sind Geist auf dem Weg in die Materie, voll von geflügelten Worten.

Andererseits sind Bücher oft Zufluchtsorte, und manchmal flüchten wir zu immer neuen Büchern, statt uns mit dem Leben selbst auseinanderzusetzen. So gesehen kann es ein Zuviel an Büchern geben, trotzdem möchte ich Ihnen meine Bücherkiste öffnen und einige Autoren erwähnen, die lesenswert und vor allem in praktischer Hinsicht sehr wertvoll sind.

Kurt Tepperwein. Der Altmeister ist ein profunder Kenner der menschlichen Psyche. Von seinem großen Werk möchte ich vor allem das „Mentaltraining" und das „Huna-Gebet" hervorheben.

Jane Roberts. Das geniale, leider viel zu früh verstorbene Trance-Medium hat sich zur Verfügung gestellt, um eine geistige Wesenheit namens Seth zu channeln. Die daraus entstandenen Bücher sind großartig. Für Leute, die an Hintergründen und tieferen Zusammenhängen interessiert sind, ein absolutes Muß, die Mühe lohnt sich. Vor allem „Die Natur der persönlichen Realität“ ist für alle, die ihr Leben konstruktiv verändern wollen, in jeder Hinsicht lesenswert. Leider sind die schon in die Jahre gekommenen Bücher zunehmend vergriffen, doch nun bemüht sich der nicht im Buchhandel vertretene Seth-Verlag um die Herausgabe weiterer Werke (www.sethverlag. ch)

Serge Kahili King. Wunderbarer Lehrer und Autor vieler Bücher. Von ihm ist eigentlich alles lesenswert. Alles ist unkompliziert, verständlich, unterstützend und enorm praktisch.

Henry Krotoschin. Sein Buch „Die Huna-Praxis“ enthält viel Wissenswertes über die Philosophie und die Praxis der Kahunas von Hawaii.

Deepak Chopra gefällt mir mal mehr, mal weniger, sein „Weg des Zauberers“ gibt aber viele Hinweise über den Umgang mit der schöpferischen Urkraft und über die Relativität begrenzter Realitäten.

Über den Autor

Nach seinem Universitätsabschluss in Psychologie, Gehirnforschung und Religionsgeschichte arbeitete Franz A. Koch zuerst bei einem Naturheiler. Dann führte er viele Jahre eine psychologisch therapeutische Praxis, leitete unzählige Seminare und Workshops in verschiedenen Ländern, lernte immer wieder von Lehrern und Meistern, Kulturen und Traditionen. Heute ist er als psychologischer Unternehmens- und Erfolgsberater und als Coach tätig.